品质课程聚焦丛书

王雪梅　杨四耕　主编

跨界课程

学科课程的边界拓展

裴文云◎编著

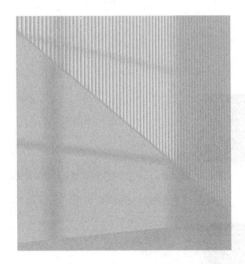

全国教育科学"十三五"规划课题

"区域推进中小学品质课程建设的实践研究"

（课题编号 FHB180571）之研究成果

华东师范大学出版社

·上海·

图书在版编目（CIP）数据

跨界课程：学科课程的边界拓展/裴文云编著 . —上海：
华东师范大学出版社，2022
（品质课程聚焦丛书）
ISBN 978 - 7 - 5760 - 2680 - 1

Ⅰ.①跨… Ⅱ.①裴… Ⅲ.①小学－课程建设－教学研
究 Ⅳ.①G622.3

中国版本图书馆 CIP 数据核字（2022）第 036513 号

品质课程聚焦丛书

跨界课程：学科课程的边界拓展

丛书主编　王雪梅　杨四耕
编　　著　裴文云
责任编辑　刘　佳
项目编辑　林青荻
特约审读　何雨媛
责任校对　秦乐淳　时东明
装帧设计　卢晓红

出版发行　华东师范大学出版社
社　　址　上海市中山北路 3663 号　邮编 200062
网　　址　www.ecnupress.com.cn
电　　话　021 - 60821666　行政传真 021 - 62572105
客服电话　021 - 62865537　门市（邮购）电话 021 - 62869887
地　　址　上海市中山北路 3663 号华东师范大学校内先锋路口
网　　店　http://hdsdcbs.tmall.com

印 刷 者　上海展强印刷有限公司
开　　本　787 毫米×1092 毫米　1/16
印　　张　15.25
字　　数　129 千字
版　　次　2022 年 10 月第 1 版
印　　次　2022 年 10 月第 1 次
书　　号　ISBN 978 - 7 - 5760 - 2680 - 1
定　　价　48.00 元

出 版 人　王　焰

（如发现本版图书有印订质量问题，请寄回本社客服中心调换或电话 021 - 62865537 联系）

丛书编委会

主　编

　　王雪梅　杨四耕

编　委

　　孙　波　李德山　崔春华　裴文云　李　红　廖纯连　苏家云
　　刘文芬　王慧珍　牛旌丽　柴　敏　吴长生　裴章云　刘　兵

本书编委会

编　著

　　裴文云

成　员

　　王田军　宋轶菲　赵　晶　徐立亭　郭晓梅
　　韩俊平　范从庆　张　坤　黄　英　赵志华

丛书总序

　　自 2015 年以来，我们在合肥市蜀山区推进"品质课程"项目，致力于学校课程文化变革，改变区域课程改革生态。这些年，我们深刻地感受到，课程是一种文化存在，文化是课程的存在方式和存在本身。

　　怀特海指出，过程是世界万物固有的本性。[①] 在他看来，"事件"和"事物"不同：事件是唯一的，是不可重复的；而事物则是自然之物，是永恒的。[②] 据此，我们认为，课程文化不仅仅是事物的集合，更是事件的生成。我们可将课程文化理解为事件之展开而非仅仅是事物之集合，由此所展现的将是课程文化要素、课程文化形态、课程文化主体共同构成的一幅立体兼容的文化图景。

　　从"事物"角度看，课程文化是课程形态和课程实践蕴含的价值、信仰、规范以及语言等文化要素的合生体，这些文化要素构成了课程文化的基质。因此，课程文化是一种信仰、一种语言、一种规范、一种眼光、一种思维方式、一种处理问题的方式，它们具体表现为课程精神文化、行为文化、制度文化以及物质文化。课程文化要素的相互摄入以及微观生成，构成学校课程文化变革的内在过程。在怀特海看来，把具体要素据为己有的每一过程叫作摄入。[③] "摄入"理论从微观层面说明了现实存在自我生成的内在机制。

　　课程精神文化、行为文化、制度文化以及物质文化诸要素相互摄入进而存在于另一存在之中，成为相互依存的合生体。在这个合生体中，课程精神文化是最核心的、最深层的、根部性的文化要素，是课程物质文化、制度文化与行为文化的价值凝练和理念引领。课程制度文化是具有中介性质的文化，它联结课程物质文化和行为文化，既是课程物质文化的制度保证，又是

---

① 怀特海. 过程与实在：宇宙论研究（修订版）[M]. 杨富斌，译. 北京：中国人民大学出版社，2013.
② 陈奎德. 怀特海哲学演化概论 [M]. 上海：上海人民出版社，1988.
③ 杨富斌，等. 怀特海过程哲学研究 [M]. 北京：中国人民大学出版社，2018.

课程行为文化的规约机制。课程行为文化是课程文化的表现，既受课程精神文化的直接影响，又受课程制度文化的现实规范。课程物质文化处在表层，是课程精神文化、课程行为文化和制度文化的空间和载体。如此，课程文化诸要素相互摄入、相互作用，共同构成课程文化的深层结构。

课程文化变革过程包含"物质性摄入"与"概念性摄入"，① 这两种摄入是多维关联的重构过程，其中微观生成是生动活泼而丰富多彩的。一般地说，学校课程文化诸要素之间的相互摄入，其中课程精神文化居于核心地位，它体现于其他各要素之中。课程文化变革可以从课程文化的部分要素开始，以点带面，但要实现课程文化彻底转向，或要真正提升学校课程品质，就必须整体协调课程文化之各要素，就要以"文化的眼光"或"思维方式"进行这种摄入行动的思考和判断。

以上是课程文化的"事物观"及其变革机理。在这里，我想再说一个观点，那就是：课程文化不是简单的要素组合，而是一个展开的事件。正如巴迪欧在《存在与事件》一书中所言：真理只有通过与支撑它的秩序决裂才得以建构，它绝非那个秩序的结果；我把这种开启真理的决裂称为"事件"；真正的哲学不是始于结构的事实（文化的、语言的、制度的等），而是仅始于发生的事件，始于仍然处于完全不可预料的突现的形式中的事件。② 从"事件"角度看，课程文化是一个不可能重复出现的生成过程，处于不断运动变化之中。作为"事件"的课程文化之真理即是在完整的课程实践中成就人、发展人和完善人。

课程文化是学校里公开的或隐蔽的信念、行为、习惯和价值观等要素相互"包含""进入""创造""构成"的"合生"事件，它融合了课程的物质和精神两个层面的意涵，它不仅包含课程意识、课程理念、课程价值等内隐的精神文化形态，而且包含学校课程实践过程中所创造的课程物质、课程制度以及课程行为等外显的文化形态，是诸要素相互参与和多维互动的创造过程，是"事件"生成与发生的过程——因为"文化的每一个方面都是一个能

---

① 怀特海认为，对现实存在的摄入——其材料包含着现实存在的摄入——叫作"物质性摄入"；对永恒客体的摄入叫作"概念性摄入"。参阅：杨富斌，等. 怀特海过程哲学研究 [M]. 北京：中国人民大学出版社，2018.

② Alain Badiou. Being and Event [M]. London：Continuum International Publishing Group，2006.

够改变文化的创造源，都是非常主动的创造性力量"①。

一种文化首先意味着一种眼光，眼光不同，对所有事情的理解就不同。② 课程文化是我们做事的眼光、处事方式和思维习惯，是生长着的"事件"，是我们理解课程实践、推进课程变革的眼光。当然，课程文化虽然是一个"事件"，但在本体论意义上，课程文化仍然是一种不易感知的实在。人类学家指出，人们一般意识不到他们身边的文化，因为此类文化表现为平常的生活，表现为看上去正常和自然的东西。文化以无意识的状态或者说未被检查的状态悄悄地让我们做出选择、进入生活。③

但是，这并不妨碍我们认识课程文化，我们仍然可以用智慧感知课程文化的存在，我们仍然可以用眼睛捕捉课程物质文化、制度文化、行为文化和精神文化。课程物质文化是以物质形态存在的设施和空间，这是课程文化赖以存在的物质基础与场域条件；课程制度文化是学校制定的规约课程实践的活动程序和价值规范，是学校课程变革过程中形成的价值体系和活动规则；课程行为文化是行为主体在长期的课程实践过程中形成的处理课程事务的一以贯之的行为方式，这种行为方式具有长期稳定性、潜意识性和无需提醒等特点；课程精神文化是学校课程文化的核心，是主导学校课程实践的理念和精神，通常会借助富有哲理的语言加以概括。这些课程文化要素，我们可以"看见"它们的合生性存在，也可以"分辨"它们的原子性存在。

我们的结论是：课程与文化有着天然的血肉联系，凡是课程变革一定是文化变革，没有文化内核的课程变革很难取得成功；文化变革需要课程建设支撑，没有课程支撑的文化变革是不可思议的。怀特海指出，现实存在就是合生，每一个现实存在都不是只有一种元素的简单的存在，不是原子论意义上的存在，而是由诸多要素构成的合生或有机体。④ 在学校课程变革过程中，课程与文化二者"合生"即生成课程文化。课程与文化的"合生"设计，是学校课程文化变革的重要方法。

在具体操作上，推进学校课程文化变革有两条道路可供选择。第一条道

---

① ② 赵汀阳. 赵汀阳自选集 ［M］. 桂林：广西师范大学出版社，2000.
③ 约瑟夫，等. 课程文化 ［M］. 余强，译. 杭州：浙江教育出版社，2008.
④ 怀特海. 过程与实在：宇宙论研究（修订版）［M］. 杨富斌，译. 北京：中国人民大学出版社，2013.

路是自上而下的演绎道路，实现从文化概念到课程设计的"合生"。首先确定学校课程哲学，包括学校课程理念、课程愿景、育人目标和课程目标。其次，厘定学校育人目标和课程目标。再次，梳理学校课程框架，设计学校课程内容。复次，活跃学校课程实施，使课程功能最大化。最后，把握学校课程评价和管理。如此，课程文化建设是从文化概念建构开始的，由此展开学校课程整体规划，实现从文化概念到课程设计的"合生"。

第二条道路是自下而上的归纳道路，实现从课程实践到文化逻辑的"合生"。学校课程文化建设实际上也是学校文化决策过程，每一所学校都有自己的文化背景，包括周边的文化资源、历史传统、现实经验，这是学校课程文化变革的客观基础，也是学校课程哲学生长的土壤，"土质"的不同导致学校课程哲学追求的不同。在分析学校课程情境的基础上，对学生的需求进行调查，了解现有课程的实施情况，发现学校课程中存在的问题；根据学校课程情境分析和学生需求调查，形成学校课程哲学，明确学校的育人目标和课程目标；基于课程价值需求分析，建构学校课程框架与体系；布局学校课程实施的多维途径和多种方式，确保课程实施的有序与有效；制定一套课程管理制度，保障课程变革顺利推进；制定一套评估方法，对课程品质进行评估。这是由课程实践到文化逻辑的"合生"过程。

合肥市蜀山区"品质课程"项目实践表明，学校课程文化变革可以是演绎式，也可以是归纳式。演绎式可理解为"概念先行——实践验证"方式；归纳式可理解为"实践探索——归纳提升"方式。课程是具有情境性和价值负载的文本，学校课程文化变革宜采取"理论、研究与实践互动"的方式。这种方式不完全依赖于概念或理论，也不脱离学校实际情境。在学校课程实践中，以学校课程情境为基础，以课程的实际问题为切入点，以理论为指导，以概念为圆心，边研究边行动，在实践中总结提炼，又在实践中加以验证与改造，在理论与实践的互动互补、碰撞对话中生成学校独有的课程文化框架。

马克思说："全部社会生活在本质上是实践的。凡是把理论引向神秘主义的神秘东西，都能在人的实践中以及对这个实践的理解中得到合理的解决。"① 合肥市蜀山区"品质课程"项目探索告诉我们：实践是课程文化价值实现的根本途径，是推进学校课程文化变革的关键力量。学校课程文化变革必须为行动提供充分的理据，从而使得行动趋于合理化，增强学校文化变革的认同感和一致性。在某种意义上，这也是一种文化自觉。

杨四耕

2021 年 2 月 5 日于上海市教育科学研究院

---

① 马克思恩格斯选集（第 1 卷）[M]. 中央编译局，译. 北京：人民出版社，1995.

目录

第一章　价值跨界：学科课程的育人视点　　　　— 1

跨界课程秉持整体发展哲学观，把儿童看作是一个有着独立思想与行为系统的完整的个体。遵循儿童的身心发展规律，本着以儿童适应终身发展和社会发展为目标的理念，坚持以生为本、全人教育、社会育人，将儿童中心的个性自由发展与社会中心的社会需要发展两种课程价值进行完美连接。

第二章　目标跨界：学科课程的素养取向　　　　— 23

泰勒认为："我们如果要系统地、理智地研究某一课程，首先必须确定所要达到的各种教育目标。"从整体课程挖掘培育核心素养的价值，可以达成课程育人总目标在时间与空间两个维度上的双跨界；从学科课程挖掘培育核心素养的价值，可以达成学科目标之间相互渗透、相互依存、协同一致的多维度跨界。

第三章　结构跨界：学科课程的框架意识　　　—— 41

布鲁纳认为，任何一门学科都有一个基本结构，即具有其内在的规律性。课程结构是课程各部分的配合和组织，它是课程体系的骨架。结构跨界的前提是学科课程的目标、内容自身以及相互之间有规律的安排与搭配。结构跨界的实施依赖于教师将课程学习建构成一个或多个有着内部逻辑的相互连接的框架。

第四章　知识跨界：学科课程的坐标意识　　　—— 65

把课程内容放在坐标系里考察，审视知识间的关系，我们会受到诸多启发。在教与学的过程中实现知识跨界，寻求怎样教才能学得更好的答案；在个体自由与时代发展中实现知识跨界，让个体的自然成长顺应时代发展的节律；在阶段与整体的关联中实现知识跨界，其关键是将课程整体划为阶段时的合理与科学以及课程阶段之间的连续与一致；在自然科学与社会科学的关联中实现知识跨界，引导儿童发现学科之间的规律并对其进行研究。

第五章　主体跨界：学科课程的参与维度 　　　—— 85

施瓦布认为，课程的问题很自然地是一体的，教什么、怎样教、教给谁、在什么条件下教、教的目的是什么，都是相互依赖的，都是与特定的情境联系在一起的。教师与学生通过教材、环境或课程的媒介，促成教学过程的实现。课程主体观决定了我们对课程开发的基本看法。学生的主体性发展关系到课程改革的基本目标与核心内容，也是衡量课程改革效果的重要标准。

第六章　思维跨界：学科课程的学习再造　　— 105

布鲁纳认为，思维方式是各学科所使用的方法的基础。学校课程中学科本身的基本概念与其他学科的基本概念存在的内在联系是跨界思维的基础。课程对于儿童思维发展的价值在于，通过归纳、概括的手法让儿童掌握扎实的学科本质概念，发现学习内容中存在的规律。

第七章　时间跨界：学科课程的课时考量　　— 125

从时间自身的特征以及带给人们内心变化的角度，来突破学校课程时间的固有安排，对于今天这个瞬息万变的信息时代，无疑是有意义的探索。时间跨界为儿童提供规划自己时间的可能性，时间跨界为儿童对课程学习的持续兴趣提供支持，时间跨界为儿童开放性、研究性等学习需求提供机会。

第八章　空间跨界：学科课程的资源开放

列斐伏尔把物质的、精神的、社会的空间看作是一个整体。空间跨界使得课程的物质资源因连接而宽广，课程的自然资源因跨界而突破了课堂及学校的边界。空间跨界使得课程的观念资源因连接而丰厚，课程的精神资源因跨界而实现了观念与经验的连接。

第九章　场景跨界：学科课程的具身策略

在场景内，每个人都与他人无缝对接演绎角色所赋予的故事，神形兼备，全力以赴。在对课程实施方案的理解与尊重下实现场景跨界，让教师在思想、信念上察觉到自己在课程实施中的职责与任务。在对课程方案的创造性执行中实现场景跨界，让教师在课程实施中的具身实践成为惯性。

第十章　审美跨界：学科课程的品质重塑 ── **189**

　　审美跨界让课程的编制在文本与意识两个层面渐次呈现构造美，使得课程方案更具流畅感。审美跨界让课程的组织在创设反映儿童身心发展规律及需要的学校生态环境中彰显外观美，使得课程内容更加贴近儿童内心的节奏。审美跨界让课程的领导在把握全局、关注细节中显现艺术美，使得课程的实施闪现自觉的光芒。审美跨界让课程的协调在多样课程的统筹中富有功能美，使得课程的价值有序指向儿童的自主发展。

前言　发现学科课程的多重价值

　　二十一世纪，人类社会进入信息时代，知识更新的速度呈爆炸式增长，人工智能对生产生活的改变显而易见。面对未来，大多数人都认识到，我们不只是为现在，而且主要是为将来培养人才。未来人才在一定程度上取决于现在学校所设置的课程与实施，教育质量事关亿万少年儿童健康成长，事关国家发展，事关民族未来。

　　戴维·珀金斯说："全局性理解更加生动灵活、具有适应性，更积极主动，与我们生活的世界和生活方式息息相关"，"全局性理解可以帮助人们在直接体验周围世界或者通过媒体接触世界时确定并保持自己的方向"。[①]怀特海说，教育需要解决的问题就是使学生通过树木看见森林。他极力主张的解决方法是，要根除各科目之间那种致命的分离状况，因为它扼杀了现代课程的生命力。[②]

　　学校课程改革的方向，注重让学生掌握知识是一个重要的方面，但更要明确获得技能比掌握知识本身更为重要、课程知识或信息的选择更为重要、学会分析作出决定更为重要、懂得处理突发问题更为重要、发展创造性激发创造潜能更为重要。[③]

　　当今社会，创新已经成为推动经济向新的生产力水平发展的关键力量。国际竞争日趋激烈，人才强国战略深入实施，时代和社会发展需要进一步提高国民的综合素质，培养创新人才。要实现儿童在掌握课程知识的基础上，获得适应新时代发展的经验、技能、能力，原有的相对单一独立的课程模式已不足以完成，必须在发挥各学科独特育人功能的基础上，充分发挥学科间综合育人功能，探索基于学科的课程综合化教学，开展跨学科主题教育教学

① 戴维·珀金斯. 为未知而教，为未来而学 [M]. 杨彦捷，译. 杭州：浙江人民出版社，2015：52—69.
② 怀特海. 教育的目的 [M]. 徐汝舟，译. 上海：三联书店，2002：12.
③ 施良方. 课程理论 [M]. 北京：教育科学出版社，2003：328—334.

活动，进而形成跨界课程。

一、跨界课程

跨界课程，是跨界理念在学校课程中的具体表现。

（一）关于跨界

界线，是指某些事物的边缘，也表示不同事物的分界。在此事物的界线范围内我们可称之为此界，之外为彼界。跨界，则是打破事物间封闭隔膜，发现或者建立事物之间内在逻辑联系的心理与行为。跨界的外显是实现从此界向彼界的连接。两个事物之间连接的基点，是事物间某个或多个实际存在的已发现或待发现的千丝万缕的联系。跨界的基础是社会经济的发展。随着科技的进步，人们的生活进入互联网时代，特别是移动互联网的普及，让人们有更多的信息链接。供求信息的流通达到空前的释放，需求与供应在不断地被丰富和完善。

跨界的本质是整合、融合。通过自身资源的某一特性与其他表面上不相干的资源进行随机的搭配应用，可放大相互资源的价值，甚至可以融合一个完整的独立个体面世。

跨界分为本体跨界和超本体跨界。本体跨界指的是在同一个系统中按照概念的本质特征，与其他概念、知识单元、不同领域等建立内在的逻辑联系。以学科为例，包括跨概念、跨知识板块、跨领域。超本体跨界指的是按一定的逻辑关系从一个系统跨到另一个系统，包括跨学科、跨专业、跨行业。

（二）关于跨界课程

跨界课程是支持跨界学习的课程，是指突破课程边界将不同课程进行有逻辑地连接整合，使得学习内容更加开放、融合，学习空间更加真实、宽阔，学习方式更加注重实践、合作，学生的发展更加全面、灵动、个性。

跨界课程打破课程内部的壁垒，实现课程的本体跨界，达成内部的互联互通，使得课程内容的概念与概念之间、单元与单元之间、知识与技能之间产生关联；跨界课程打破课程之间的壁垒，实现课程的超本体跨界，达成外部的互联互通，使得蕴藏在不同课程中的价值观、方法论产生关联；跨界课程打破学校与外部的壁垒，实现班级课堂与学校环境、学校与社会的逻辑连接，达成有效课程资源的最大限度化。

跨界课程以学生深度学习真实发生为基点，以提高学生能力为目标，以课本、课堂、学校、社会为载体，让学生在更加广阔的学习空间内，利用自己独特的思维方式，创造性地学习知识、体验生活、认识社会。

跨界课程重视学生学习与未来发展的关联。康德提出，孩子们应该不是以人类的当前状况，而是以人类将来可能的最佳状况，即合乎人性的理念极其完整规定为准进行教育。拉查提出未来的教育强调认知方法胜过强调认知内容。还有学者认为，未来课程的重点应放在内容的意义、信息背后的问题、学科结构的层面，以及如何使学习者更多地参与教育过程等。这些需要课程跨界才能解决的问题，我们应该静下心来思考并行动。

跨界课程是课程的未来走向，是学校育人的必然选择。教育学家拉斯卡提出，如果没有适当考虑到在不确定的未来中会出现问题的重要性和严重性，那么所建议的解决方法就不会与需要解决的问题相称。他随之提出的未来教育面临的问题中，许多方面涉及到课程的相应变革，其中就有采用跨学科的方法。也有学者认为，未来的课程更加强调多学科或跨学科的方法。还有学者提出未来课程的重点要放在发现一个领域的特定内容是如何与另一个领域的特定内容联系的，等等。① 这些由未来社会而引发的关于课程跨界的命题，尤为值得课程研究者们的关注与研究。

二、跨界课程的建构

（一）跨界课程从育人立场出发对课程哲学进行再思考

跨界课程强调以生为本价值观。《中共中央国务院关于深化教育教学改革全面提高义务教育质量的意见》（以下简称《意见》）指出，课程改革要全面落实以学生为本的教育理念。要明确学生应具备的适应终身发展和社会发展需要的必备品格和关键能力，突出强调个人修养、社会关爱、家国情怀，更加注重自主发展、合作参与、创新实践。以儿童适应终身发展和社会发展的理念，将儿童中心的个性自由发展与社会中心的社会需要发展两种课程价值进行了完美连接，实现课程价值的跨越。

---

① 施良方. 课程理论 ［M］. 北京：教育科学出版社，2003：321.

跨界课程强调全面育人价值观。价值跨界更加明晰课程的全人教育思考。于 20 世纪 70 年代在北美兴起的全人教育思潮对全球教育产生了影响。全人教育的核心观点即儿童发展是整体的。其哲学理念体现在联结、整体性和存在三个方面，强调的是系统之间的相互关系与依赖，不同事物之间的内在联系与作用，以及个体与环境的主体性表达。[①] 全人教育注重对个体智力、情感、社会性、创造力的全面挖掘，寻求人与人之间、物质与精神之间的联系与平衡。而这些正是跨界思想的体现。

跨界课程强调社会育人价值观。从联系的视角审视课程价值与人的发展、社会的发展之联结，可以看到这样的脉络：课程价值取决于教育价值，教育是社会的一个组成部分，教育价值必然是社会价值的反映，而教育的对象是人。马克思说"人是社会关系的总和"，因而作为个体的人与整体的社会是连接在一起的，作为实施对人的教育的课程必然与所处的社会是连接在一起的，与之相随的课程价值之间必然是关联的或者说是跨界的，并随着社会经济、科技文化的变革而同步向前发展。

（二）跨界课程基于核心素养培育对课程目标进行再思考

目标必须是从全局出发，整体考虑的结果。作为课程目标而言，全局的、整体的目标架构自然是将儿童现阶段的发展与儿童可持续发展关联起来，将儿童个体发展与其生活环境关联起来。这种全局、整体课程目标间的联系，实际上是课程育人总目标在时间与空间两个维度上的横向、纵向的双跨界。

始于 2016 年的芬兰课改，明确提出了培养学生"横贯能力"的目标。所谓横贯能力，指贯穿于不同学科和领域需要具有的通用能力。它不等同于知识或能力，属于综合素养的范畴，包括价值观、态度、意愿在内的面对具体情境的综合表现。显然，培养学生的横贯能力是跨界的目标。

2020 年初世界经济论坛发布了一份名为《未来学校：为第四次工业革命定义新的教育模式》的报告，其中描绘了"教育 4.0 全球框架"。在这个体系中，提出教育 4.0 时代合格公民应具备四个维度的能力，包括创新创造、技能技术、人际交往和全球公民意识。这些目标显然不是单一学科的能力目

---

① 巫蓉．全人教育视域下幼儿园园本课程的构建［J］．学期教育研究，2019（12）：90—93．

标，而是综合的、跨界的可持续发展目标。

目标跨界，关注儿童的现在和未来的连接，基于当下又面向将来。教师在培育儿童智力的同时，要发掘学科内部课程对儿童全面发展的多重价值；学校鼓励不同学科教师之间的对话，获得彼此之间的连接，打破学科与学科的课程边界，让儿童获得可持续发展的核心素养。

（三） 跨界课程基于结构意义对课程框架进行再思考

"结构"是指学科的基本概念、基本原理以及它们之间的联系，是指知识的整体和事物的普遍联系即规律。不论教什么学科，都必须使学生理解学科的基本结构，即各门学科的基本概念、基本原理和规律。儿童所学原理越是基本，对后继知识的实用性便越是宽广。

课程专家施瓦布认为，教与学不是一次只注意一件事物或一个观点，不是要搞清楚一个问题再继续进展到另一个问题，而是要重视事物之间的相互联系，说明一事物对其他事物的影响。①

哈佛大学教育研究生院资深教授戴维·珀金斯认为，教育的传统层级结构是一种迟钝的、不恰当的结构，很难体现当代世界在丰富的信息和交流方面提供的便利，也难以支持今天的学习者在这样的世界中获得远大前程。相反，灵活的网状结构却能够以更具有拓展性和生成性的方式来接纳各种机会。②

学校和教师要意识到课程框架内部逻辑对儿童结构意识的潜在影响，重视课程框架外部特征对儿童结构能力的示范价值。课程框架内部、外部有逻辑连接的网状结构，能帮助儿童实现对课程学习的举一反三、融会贯通，进而扩展为跨界学习的方法论。

（四） 跨界课程基于坐标效应对课程内容进行再思考

现代课程论认为课程内容要关注学生的兴趣、需要和能力，并尽可能与之相适应。

从发展心理学的角度审视，知识跨界，是知识之间节点突破后的相互连接。其路径是简单知识走向复杂知识，独有知识走向共有知识，具体知识走

---

① 施良方. 课程理论 [M]. 北京：教育科学出版社，2003：13.
② 戴维·珀金斯. 为未知而教，为未来而学 [M]. 杨彦捷，译. 杭州：浙江人民出版社，2015：38.

向抽象知识，显性知识走向隐性知识。

从学习者的视野出发，把课程内容放在坐标系中作为一个坐标轴，与作为另一个坐标轴——儿童对于知识学习的相关维度产生关联，我们需要对课程内容自身所具有的吸引性进行考量，以满足儿童对知识的学习兴趣需求；需要对课程内容与儿童已有生活经验的相关性进行考量，以满足儿童对知识的自主学习需求；需要对课程内容内部有由易到难的顺序性进行考量，以满足儿童对知识的进阶学习需求。坐标效应促使我们要基于儿童学习的需求审视课程内容的选择与确定，以保障知识跨界后达到最佳学习效果。

从课程内容的相关性出发，把不同学科的内容分别放在不同的坐标轴上，有利于儿童对跨界知识的本质把握。学校与教师的价值是要保障学生在学习过程中获得的课程内容具有基本性、基础性和范例性，帮助、引导、支持儿童，寻找、发现各种知识间的关联，使其在最有效的象限中无限延伸。就像《意见》提出的那样，"将相关学科的教育内容有机整合，提高学生综合分析问题、解决问题能力"，这是知识跨界的最终追求。

（五）跨界课程基于参与意识对课程主体再思考

学生的主体性发展关系到课程改革的基本目标与核心内容，也是衡量课程改革效果的重要标准。[1] 主体，哲学上指对客体有认识和实践能力的人。按照对这个定义的延伸理解，课程主体应该就是指对课程有认识和实践能力的人。这里所说的人，显然应该包括参与课程活动始终的所有人，即领导、教师、家长、学生等群体。

随着课程内容生活化程度的提升，儿童与学校、教师共同参与课程的规划与设计的时机也愈加明显。儿童作为课程开发的主体之一，打破了课程开发理论开创者博比特关于教育专家或课程论专家是课程开发唯一主体的神话。[2]

课堂是课程实践的主战场之一，如今的教室里，教师不再是唯一中心和教学活动的绝对权威，教师与学生之间也不再是"我-他"的主体与对象的关

---

[1] 朱峰，惠峰明. 儿童课程主体意识的觉醒——以"走班制"下的项目型科技校本课程为例 [J]. 江苏教育研究. 2016（28）：64—67.

[2] 宁金平. 课程主体观的历史演变与启示 [J]. 咸阳师范学院学报. 2010（10）：112—114.

系，而是转变为"我-你"的主体间关系。① 儿童在课堂中的主体性释放，是自我效能提升的关键。

施瓦布认为课程的问题很自然地是一体的，教什么、怎样教、教给谁、在什么条件下教、教的目的是什么，都是相互依赖的，都是与特定的情境联系在一起的。② 在现代教育理论中，教师的教与学生的学，不再是单向的传递与吸收，教学中的输入与输出成为双向互动的循环，教师是教者也是学习者，强调教师和学生作为课程主体的创造性。

（六）跨界课程基于思维方式习得对课程学习再思考

布鲁纳认为，思维方式是各学科所使用的方法的基础。"对一门学科来说，没有什么比它如何思考问题的方法更为重要的事情"。

思维的跨界是基于对世界普遍联系的认知。跨界学习依赖于跨界思维的保障，跨界思维的原理是跨界课程得以实现的前提。跨界思维的原理认为，系统是细节的有机集合，跨界思维是以系统中一个关键点（例如学科基本概念）为基本点（视点），根据视点本质及其本质特征，逻辑串联系统内（本体跨界）和系统外（超本体跨界）事物和知识的跨概念、跨单元、跨学科的实际视点结构综合思维方式。

跨界思维是学习方式的变革，进而影响对学科课程学习的再造。《意见》中明确提出"引导学生主动思考、积极提问、自主探究。探索基于学科的课程综合化教学，开展研究型、项目化、合作式学习"的要求，直指教学、课程、方式的优化与重构，注重方法体系对学生思维的支持价值。

学校课程中学科本身的基本概念与其他学科的基本概念存在的内在联系是跨界思维的基础。课程对于儿童思维发展的价值在于，通过归纳、概括的手法让儿童掌握扎实的学科本质概念，发现学习内容中存在的规律。鼓励儿童从批判的角度提出问题或疑惑，用建立横向、纵向联系的模式思考学科内部与外部的关联，使得思维由低阶向高阶发展。

（七）跨界课程以时间分配为基点对课时安排进行再思考

理论物理学家史蒂芬·霍金在《时间简史》一书中发出"时间会不会有

---

① 程波，王海平.空间生产与教室空间变革［J］.上海教育科研，2019（1）：47—51.
② 施良方.课程理论［M］.北京：教育科学出版社，2003：255.

朝一日倒流，并因此导致果先于因"① 的思考，而于常人来说生命个体在现存世界上的时间看上去都是有限的，由于人事纷繁、信息满灌，导致用于学习的时间更觉短促。我们需要摒弃杂念、排除干扰，静心静意地将可用的时间来做最有益的事情，在长度一定的情形下拓展时间的宽度。

时间跨界通过对计划安排主动性的突破，在课程学习中为儿童提供规划自己的时间的可能性，将责任担当分化在自我管理的具体实践中，让儿童产生对当下及未来生活的思考与行动。

时间跨界通过对规定课时的突破，顺应研究型、项目化、合作式学习方式的变化与需要，保障儿童对课程的持续关注，使其学习兴趣得以有支持地延续。

时间跨界通过对课内课外、线上线下授课制的突破，适应开放性、自主性等个性化学习需求，借助弹性安排的优势，拓展学习时间的宽度，增强学习时间的效度。

（八）跨界课程以空间拓展为基点对课程资源进行再思考

亚里士多德曾经感慨"空间看来乃是某种很强大又很难捕捉的东西"②。列斐伏尔认为同时存在着三个空间，即：物质空间，也就是自然和宇宙，也可以称为社会实践的空间，是被感知的空间；精神空间，包括逻辑抽象和形式抽象，也称为感觉现象所占有的空间，是被构想的空间；社会空间，也就是逻辑-认识论的空间，是生活的空间。

空间跨界通过被感知空间的边界突破，进而打通儿童居家、在校、社区、旅行等层面接触到的自然资源的连接，扩展课程在认知资源层面的边界，使得儿童自小就对天文、地理、物理、生物、宇宙等自然现象产生兴趣。

空间跨界通过对生活空间的边界突破，形成课程资源与儿童经验的连接。泰勒提出要关注儿童的学习经验，杜威主张要把教材作为全部的和生长的经验中相关的因素来考虑，美国学者罗杰斯认为课程的职能是要为每一个儿童提供有助于个人自由发展的、有内在奖励的经验。③

----

① 史蒂芬·霍金. 时间简史［M］. 许明贤，吴忠超，译. 长沙：湖南科学技术出版社，2010：导言.
② 丁宁. 自然之爱——中国山水画的空间意蕴［J］美术观察，2009（1）：104—107.
③ 施良方. 课程理论［M］. 北京：教育科学出版社，2003：17.

空间跨界通过被构想空间的边界突破，进而为儿童提供感受、理解、联想、想象的时机。儿童在课程的学习中，能明确自己的兴趣、管理自己的行为，使得儿童自小建立主动的、积极的、前瞻的日常生活习惯，懂得问题是可以预知并通过一定的途径得到解决的，社会是多姿多彩的，生活是可以自己把握的。

（九）跨界课程以场景下的具身策略对课程实施进行再思考

戈夫曼被称为早期的场景主义者。在他的理论图谱中，每个人都在社会舞台上扮演着不同的角色，并根据自己所处的情境，比如"前台"、"后台"，来调整自己的行为。[①] 一定时间与空间中的场景内，有几个关键的要素：剧本，舞台，角色，任务。在舞台上，每一个人都在聚精会神地沿着剧本赋予的角色任务，凭借剧本的需要与自身的理解去刻画剧中人物；同时关注与其他角色的联系，实现无缝对接。整个过程身心兼备，全力以赴，完美演绎了具身认知的内涵。

具身视野下的场景跨界，强调在课程实施中设置引人入胜的、真实的、有温度、能感染的场景，调用视觉、听觉、触觉、嗅觉多感官参与，通过动手动脑、全身参与，改善儿童对课程的体验。学校和教师要"探索基于学科的课程综合化教学，开展研究型、项目化、合作式学习"，改进、优化、重构课程与教学的场景，在多样的综合学习中赋予儿童适切的角色及任务，引导儿童忘我投入、密切协同。

（十）跨界课程从品质的审美视角对课程管理进行再思考

管理是在特定的环境下，对组织所拥有的资源进行有效的计划、组织、领导和控制，以便达成既定的组织目标的过程。

"科学管理之父"弗雷德里克·泰罗认为"管理就是确切地知道你要别人干什么，并使他用最好的方法去干"。彼得·德鲁克认为"管理是一种工作，它有自己的技巧、工具和方法；管理是一门科学，一种系统化的并到处适用的知识；同时管理也是一种文化。"[②] 由此可见，管理既有科学性也需要艺术性，是两者的统一。管理的艺术性体现在管理过程的审美状态中，当

---

① 蔡斐. "场景"概念的兴起［N］. 中国社会科学学报，2017（003）.
② 管理者领导力模型形成的五个阶段［J］. 北方牧业，2015（24）：32.

管理者与被管理者认识到彼此之间一种无功利的关系状态，就会在理智与情感、主观与客观上，认识、理解、感知和评判管理过程的各种存在。

从审美的视角施行对课程的管理，会使课程建设从源头开始产生吸附力，会使管理的过程变得有温度，会使课程的组织、实施等更具人文的意涵。

课程管理的系统性需要共同的审美意识。课程管理是一种系统管理。学校课程组织是一个系统，由相互依存的众多跨界要素所组成，这些要素之间的分工与协作，因为有着文化的引领而显得更加流畅。课程组织同时还是一个开放的系统，也即与周围环境产生相互影响、相互作用，在多边跨界的碰撞与协同中，会因为统一的意志与认识，而变得更加美好。

课程管理的实践性需要审美情怀的支撑。学校的课程实践是动态的，是一项不断修缮与优化的工作。学校课程编订、实施、评价的组织、领导、监督和检查，是一系列平凡而又重要的实践活动，身处其中的各类人等，需要对这项工作有着非同一般的认识与情怀，领导与教师专业自觉与职业理想的审美性，家长与学生对未来的正向期许，是课程实践不竭的动力。

学科课程因为跨界而相连相通，因为跨界而价值被无限扩大。我们要做的就是一点：发现学科课程的多重价值！

（撰稿人：裴文云）

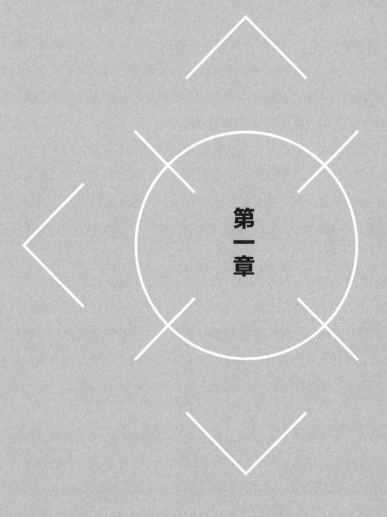

第一章

跨界课程秉持整体发展哲学观，把儿童看作是一个有着独立思想与行为系统的完整的个体。遵循儿童的身心发展规律，本着以儿童适应终身发展和社会发展为目标的理念，坚持以生为本、全人教育、社会育人，将儿童中心的个性自由发展与社会中心的社会需要发展两种课程价值进行完美连接。

价值跨界：
学科课程的育人视点

价值来源于自然界，并随着人类的进化而进化，随着社会的发展而发展。从认识论上来说，价值是指客体能够满足主体需要的效益关系，是表示客体的属性和功能与主体需要间的一种效用、效益或效应关系的哲学范畴。价值作为哲学范畴具有最高的普遍性和概括性。

从价值主体这一视角审视几千年来的课程取向，概括来说无外乎社会中心与学生中心。社会中心以古希腊的斯巴达与雅典的课程最为明显，学生中心以杜威和古希腊的"三哲"的课程主张为代表。历史上两种课程价值因缺乏理性的思考，未能打通中间的连接而形成了二元对立，各自主张各执一词。

跨界课程的全人教育、以生为本、社会育人的价值观，实现了课程二元观点的连接，更加明晰课程以儿童为立场的价值跨界。儿童立场的本质是儿童哲学观的再现，儿童整体发展观将儿童看作是一个有着独立思想与行为系统的个体，是完整的人。[①] 教师要按照《意见》提出的"坚持全面发展，为学生终身发展奠基；坚持知行合一，让学生成为生活和学习的主人"这一要求开展教学。

教师在培育儿童学科能力的同时，要发掘学科内部课程对儿童全面发展的多重价值；学校要鼓励不同学科教师之间的对话，获得彼此之间的连接，打破学科与学科的课程边界，让儿童获得全面发展；学校与教师要把儿童与儿童之间、儿童与成人之间的关系，看作是儿童精神成长、社会性发展的重要参考，提供机会、搭建平台、开展合作，让儿童自小习得有动力有温度的人际浸润；学校要让儿童懂得生命与自己、他人与自己、班级与自己、学校与自己、规则与自己的关联，从珍惜自己生命开始懂得关心亲人，从关心他人生活开始懂得关心周围生活，从为班级服务开始懂得社会责任，从对红领巾的尊重开始懂得报效祖国。

"学会关心"是21世纪教育所致力的目标，是继"学会生存"之后，教育观念、伦理观念和教育发展方向的又一次重大变革与更新，它标志着世界教育的发展又将进入一个新的历史阶段。[②] 对于儿童来说，学会关心从关心

① 胡华. 幼儿园生活化课程［M］. 北京：北京师范大学出版社,2019：3.
② 王恩发. 学会关心，迎接21世纪的挑战［J］. 外国中小学教育,1995（01）：35—41.

自己及身边人开始，然后到关心范围更大的人和事，进而获得身体、认知、情感、人格等全面的立体的成长。

　　"生动语文"课程从学生的立场出发，尊重儿童学习的天性，研究语文学习的心理需求；尊重儿童的个体差异，探寻学习中出现的各种问题；尊重儿童的个性发展，让儿童在语言文字的学习中主动收获知识与能力，体验情绪，抒发情感，促进生命成长。

生动语文： 让语文学习助力孩子的生命成长

　　合肥市习友路小学创建于 2014 年，拥有 70 位语文教师，其中高级教师 3 名，一级教师 14 名，二级教师 30 余名；合肥市骨干教师 3 人，市级名师工作室成员 2 人。针对教师人数多、年纪轻的实际情况，我们采用教研组与年级组相结合的教研方式开展教学研究，进行听评课、磨课研课，积极组织教师参加各级各类的教学大赛、基本功赛和展示课等，力促每位老师形成自己的教学风格、实现课堂教学的理想状态。学校依据中共中央、国务院《关于深化教育教学改革全面提高义务教育质量的意见》，教育部《关于深化课程改革，落实立德树人根本任务的意见》、《义务教育语文课程标准（2011 年版）》（以下简称《课标》）等文件精神，推进语文学科课程群建设，取得了可喜成效。

第一节

在语言文字中
获得蓬勃力量

一、学科价值观

《课标》指出："语文是最重要的交际工具，是人类文化的重要组成部分。工具性与人文性的统一是语文课程的基本特点。"小学语文课程作为一门学习语言文字运用的综合性、实践性课程，旨在培养学生的思维能力和创造能力，帮助学生树立正确的人生观和价值观。由此可见，学习语文课程既要遵循语文教育的规律、培养学生运用语言文字能力，还要注重培养学生养成习惯、理解语文知识、构建价值体系、领悟生命意义、促进其全面发展。

基于此，学校提出语文学科课程哲学为"让语文学习助力孩子的生命成长"。

二、学科课程理念

我们追求语文教学的美好境界，追寻语文教育的本源真意，将课程哲学具化为课程理念，即让儿童在语文学习中提高核心素养，让儿童在语言文字中获得蓬勃的力量。在学校语文课程哲学即课程理念下，我们建构了"生动语文"课程。

"生动语文"从学生的立场出发，尊重儿童学习的天性，研究语文学习的心理需求；尊重儿童的个体差异，研究学习中出现的各种问题；尊重儿童的个性发展，让儿童在语言文字的学习中主动收获知识与能力，体验情绪、抒发情感，促进生命成长。

"生动语文"是本真语文。遵循语文教学规律，致力语用功能，发展学生能力，孕育高尚人格。

"生动语文"是灵动语文。积累品味语言文字，碰撞思维花火，激发学习兴趣，呵护心灵成长。

"生动语文"是活力语文。切近儿童当下的生命状态，通过课程学习焕发儿童蓬勃的生命活力。

第二节

经由语言丰富
内心世界

一、学科课程总体目标

根据《课标》要求，我校语文学科课程的总体目标是：遵循儿童的身心发展特点，尊重儿童的学习规律，培养爱国主义情感、社会主义道德品质，让儿童在学习过程中吸收民族文化智慧，关心当代文化生活，尊重多样文化，提高文化品位和审美情趣。培植热爱祖国语言文字的情感，使儿童主动学习，养成语文学习的自信心和良好习惯，掌握基本的语文学习方法。发展学生的思维能力，激发想象力和创造潜能。让学生能积极进行探究性学习，在实践中学习运用语文；具有独立的阅读能力，注重积累，有较好的语感，初步理解、鉴赏文学作品，阅读浅近文言文，受到高尚情操与趣味的熏陶，发展个性，丰富自己的精神世界；根据需要运用常见的表达方式写心中所想，抒发真挚情感；借助新技术和多媒体进行跨界学习，具有日常口语交际能力，学会倾听、表达与交流，发展合作精神，在语言文字中丰富内心世界。

二、学科课程年段目标

根据《课标》要求，结合现行教材、教参及我校一至六年级的学情，设置了语文课程年级目标。这里，我们以一年级为例（见表1-1）。

表1-1 "生动语文"课程年级目标

年级	单元	上学期	下学期
一年级	第一单元	**基础目标** 1. 认识10种基本笔画，认清字形，初步了解汉字的造字规律。 2. 认识本单元40个生字，会写17个生字，并学会在口头表达中运用。 3. 能正确、流利、有感情地朗读课文，背诵《金木水火土》、《对韵歌》。 **拓展目标** 通过图片，了解汉字演变的大致过程，理解字义。	**基础目标** 1. 认识本单元51个生字，会写28个生字，积累相关词语。 2. 朗读词串、儿歌，背诵《姓氏歌》。 3. 了解常见姓氏，初步认识"字谜"。 **拓展目标** 初步了解形声字、感受汉字的字形美，体会形声字的构字特点。
	第二单元	**基础目标** 1. 能读准6个单韵母、23个声母和10个整体认读音节，能准确地拼读音节词。 2. 能说出声调符号的名称，读准四声，学读轻声；认识四线格，能正确书写声母、韵母和音节。 3. 会认本单元21个生字，能读准字音，认清字形。 4. 会读儿歌，积累并诵读相关儿歌。 **拓展目标** 感受儿歌的韵律美。	**基础目标** 1. 认识13个生字，会写7个生字。 2. 有感情地朗读课文，理解课文内容。 3. 结合具体语境，感受汉字与实际生活的联系。 **拓展目标** 珍视做事积极的态度和乐观豁达的心态带来的生命成长体验。
	第三单元	**基础目标** 1. 能读准9个复韵母和6个整体认读音节，能准确地拼读音节词。 2. 能说出声调符号的名称，读准四声，学读轻声。 3. 能正确书写韵母和音节。 4. 会认本单元生字，能读准字音，认清字形。 **拓展目标** 会读儿歌，在诵读中感受音节的韵律美。	**基础目标** 1. 认识37个生字，会写20个生字，学会3个偏旁、4个多音字。 2. 积累词语、朗读课文，背诵《赠汪伦》。 3. 学习用拼音查字法查字典。 **拓展目标** 理解"友情"，体会友情的可贵。

跨界课程：学科课程的边界拓展

年级	单元	上学期	下学期
	第四单元	**基础目标** 1. 会认 44 个生字，会写 16 个生字，规范书写生字。 2. 正确、流利地朗读课文，背诵课文，感受学习语文的乐趣。 3. 认清字形，正确书写，培养学生的观察力、感受自然的美好。 **拓展目标** 激发学生热爱大自然的情感，并从小事做起，用行动保护大自然。	**基础目标** 1. 掌握本单元重点词语，朗读课文，背诵古诗。 2. 注意读好课文中的长句子，读好问号和感叹号。 3. 比较问句、感叹句的不同，学会用不同的语气朗读。 **拓展目标** 体会文章所包含的感情及意义。
	第五单元	**基础目标** 1. 通过偏旁归类、反义词识字等方法，认识 10 个生字和 2 个偏旁。 2. 会写 4 个字。 3. 正确朗读、背诵古诗。 **拓展目标** 图文结合，感受诗中描绘的景象。	**基础目标** 1. 认识 57 个生字，会写 28 个生字，了解形声字的构字规律并自主识字。 2. 朗读课文，学习用不同节奏诵读儿歌、对子等韵语。 3. 背诵《古对今》和《人之初》。 **拓展目标** 了解身边小动物的习性和四季气候、景物的变化，保持探索自然的好奇心。
	第六单元	**基础目标** 1. 认识 43 个生字、10 个偏旁和 2 个多音字，会写 17 个字和 3 个笔画。 2. 学习分角色朗读课文，读好人物说话的语气，知道根据场合，用合适的音量与人交流是文明、有礼貌的表现。 3. 认识逗号和句号，根据标点读好停顿，初步建立句子的概念。 **拓展目标** 感受儿歌的生动有趣，了解动物都有自己不同的活动方式。	**基础目标** 1. 认识 45 个生字，会写 21 个生字。 2. 朗读课文，并能背诵部分课文。 3. 积累经典语句并保有兴趣；会读背有关天气的谚语。 **拓展目标** 通过课文的学习和课外朗读，引导学生感受夏天的美和快乐。

年级	单元	上学期	下学期
	第七单元	**基础目标** 1. 会认 38 个生字，会写 11 个字，认识 5 个偏旁。 2. 指导学生正确、流利、有感情地朗读，体会如何进行观察、展开联想与想象表达自己独特的感受。 **拓展目标** 培养学生的识字能力、阅读能力以及热爱祖国语言文字的情感。	**基础目标** 1. 认识 59 个生字，会写 27 个生字。 2. 朗读并背诵部分课文。 3. 激发识字兴趣，会读背名言警句，养成积累好句的习惯。 **拓展目标** 引导学生在读文中懂得如何明理做人。
	第八单元	**基础目标** 1. 认识本单元 44 个生字，会写 18 个字。 2. 了解汉字的笔顺规则，培养良好的写字习惯，初步感受汉字的形体美。 3. 正确、流利地朗读课文，把《春节童谣》读给大人听，分享过年的乐趣。 4. 借助图画，自主阅读不全文注音的课文。 **拓展目标** 了解一些自然常识，激发学生观察自然、观察生活的兴趣。	**基础目标** 1. 认识 43 个生字，会写 21 个生字，正确运用生字，规范书写并能在具体语文中运用。 2. 能结合字词的逻辑识记汉字，积累词语，会用猜测法进行识字。 3. 有感情朗读课文，分角色朗读课文。 **拓展目标** 培养喜爱小动物的情感，懂得帮助他人、奉献爱心。

第三节

让生命灵动的
语文课程

一、学科课程结构

遵循《课标》的课程设计思路，在九年一贯整体设计基础上，结合我校语文教学与学生学习现状，本着语文课程让生命灵动的思路设置"生动语文"学科课程群，包含"生动识写"、"生动阅读"、"生动习作"、"生动交际"、"生动探究"五部分内容（见图1-1）。

图1-1　"生动语文"学科课程结构图

1. "生动识写"，落实一至六年级的识字、写字目标。识字、写字既是第一学段的教学重点，也是贯穿于整个小学阶段的重要内容。"生动识写"在于激发学生的识写兴趣、了解汉字的演进历史、体会中华文化的博大精深，进而引导学生正确运用汉字、美观书写汉字，热爱祖国语言文字。

2. "生动阅读"，培养学生独立阅读能力，通过理解、鉴赏文学作品，阅读浅近文言文，使学生受到高尚情操与盎然意趣的熏陶，发展个性，丰富自己的精神世界，为生命健康成长打下良好的精神底色。

3. "生动写作"，以书面表达为主，引导学生以儿童的观察视角、独特的情感体验抒写丰富的内心感悟，运用常见的表达方式书写心中所想，抒发真挚情感。

4. "生动交际"，将学生的日常口语交际能力培养与生活实践运用相结合，充分调动学生的主动意识，创设生活情境，引导学生学会倾听、表达与交流，学以致用，融入社会生活，恰当表达自我。

5. "生动探究"，依托语文实践活动，引导学生多读多写、日积月累，主动探究、积极合作、体会融通，借助新技术和多媒体进行跨界学习。

二、学科课程设置

依据学科课程结构，按年级顺序设置了"生动语文"课程表（见表1-2）。

表1-2 "生动语文"课程设置表

年级	学期	生动识写		生动阅读	生动写作	生动交际	生动探究		
一年级	上	拼音游戏	横平竖直	琅琅书声	落笔生花	奇妙体验	见闻写趣	徽韵风情	探踪寻迹
	下	汉字趣谈	字理词风	我读我秀	创意读写	童言童语	诗润心田	趣味谜语	我爱庐州
二年级	上	主动识字	初识字美	书海泛舟	亲近自然	细述故事	追本溯源	锦绣山水	手不释卷
	下	自主识字	畅心运笔	书海拾贝	描绘自然	畅所欲言	传承美德	春华秋实	书香致远
三年级	上	追根溯源	笔笔到位	书香天地	仿写之趣	喜闻乐讲	经典传颂	汉字故事	名人轶事
	下	字有道理	写字有方	津津乐道	创意写作	情商素养	墨香中国	恐龙世界	报纸的家

跨界课程：学科课程的边界拓展

年级	学期	生动识写		生动阅读	生动写作	生动交际	生动探究		
四年级	上	静心书写	荷风送香	文苑漫步	童声嘹亮	喜闻乐讲	文化之旅	知人论世	江淮母亲
	下	墨香书韵	书海拾贝	文海扬帆	吟赏联语	逻辑"风暴"	书海之旅	暮省生活	中华儒学
五年级	上	去繁就简	大家名著	走近苏轼	校园四季	历史讲堂	皖风花语	皖之地域	包拯人生
	下	汉字精灵	解诗说词	诗词天地	节气物语	图游世界	徽韵古今	皖之物种	庐州荣光
六年级	上	探究字源	入木三分	倾听鲁迅	墨香校园	名人故事	音韵有声	诗的旅程	感受历史
	下	明晰字理	龙飞凤舞	最美声音	书画世界	梦回唐宋	诗词节律	梦的远方	触摸四季

第四节

语言文字与生命的厚度

一、建构"生动课堂"，夯实语文学习基础

（一）"生动课堂"的实践与操作

"生动语文"课堂呈现语文课堂的生成与延展，体现学习过程的真实与自然，追求学生生命的生动成长。它目标明晰、过程灵动、训练扎实，体现课程理念，培养学习能力，彰显教与学的灵活性与创造力。

我们以教研为先导，以课堂为主阵地，以听、评、议课为抓手，在实践中构建"多元"课堂。具体而言：

1. 集体备课，主题教研。教研组定期开展主题教研活动，备课组集体备课，集思广益；在课堂教学中，充分利用各方面资源，始终以"生动语文课堂"为核心，开展不同形式、不同主题、不同目标的语文课，教学相长。我们努力在不断实践、反思中提升课堂品质。

2. 名师引领，团队合作。教研组内成立不同侧重、不同形式的教研团队，通过名师示范课、师徒结对课、团队磨课等多种形式，实现"名师引领，团队合作，全员提高，均衡互补"，使"生动课堂"向更深层次探索。

（二）"生动课堂"的评价标准

"生动课堂"遵循语言发展的客观规律，旨在促进学生的生命成长，从课堂目标的明晰、课堂内容的丰富、思路环节的完整、教学方法的灵动与即时评价的效果等方面进行评价（见表1-3）。

表1-3 "生动课堂"评价量表

评价项目	评价内容	评价等级（优良中合格）
课堂目标	目标基于学科素养和课程标准，适合学情，具体明确，操作性强，体现知识技能、思想方法的统一，突出活动性和实践性。	
课堂内容	内容丰富，注重情境化、生活化、活动化，通过整合相关学科知识，帮助学生构建知识框架，会联系生活实际，让思维灵动起来。	
思路环节	突出学生的主体地位，引导学生大胆实践、积极交流，勇于展示个性化观点。思想情感体验和语言文字、语文能力训练有机结合，训练层次分明，思路清晰、环节完整。	
教学方法	能根据学习内容，选择恰当的教学方式并体现学习方式的灵活性、多样化。从"教"到"学"，灵动得当，鼓励不同学习能力的学生进行个性展示，发展求异思维。	
即时评价	注重课堂教学中的即时评价，以关注全体学生，提高课堂效率。采用激励性的语言，促进学生语文素养提高，语文能力发展。	

二、开发"生动课程"，丰富语文课程内涵

"生动语文"课程是在基础类课程之上根据学生发展情况，结合我校师资状况而研发的拓展类课程，拓宽了国家课程的实施路径，丰富了课程的学习内容。

（一）"生动课程"的实践与操作

《课标》指出，在重视课程资源的开发利用中，要创造性地开展各类活动，增强学生学语文、用语文的意识，多方面提高语文素养。

"生动课程"立足于此目标，对丰富的课程资源进行再重组、再创造，采用主题式学习等方式嵌入课程，如年级共读、亲子共读等课程；利用"活动周"等形式实施课程，如"节气在我身边"、"诗词之旅"课程。

"生动课程"将选择权交给学生，体现学生学习的主体性。以兴趣为导向，学生通过"走班式"自主选择课程。"生动语文"群以丰富的课程门类，优良的课程品质吸引学生，促进每个学生的全面发展，提升每位教师的专业素养。

（二）"生动课程"的评价标准

"生动课程"着重考察学生的语言文字综合运用能力、探究精神与合作

能力，着力于提高学生在课程活动中的参与程度、课程实施中的实践能力、课程融合中的创造能力（见表1-4）。

表1-4 "生动课程"评价细目表

项目	评 价 内 容	评价等级 （优良中合格）
课程 理念	能开发挖掘有意义的课程内容，满足学生兴趣发展的需求，促进学生互助共进交往，注重课程的可学性、内容的相关性与迁移性。	
课程 实施	能满足学生的兴趣发展需求，重视发展学生的个性特长，能开发出适合学生特点和利于学生发展的语文课程，重视培养学生的实践能力和创造能力，受到学生喜爱。	
参与 程度	能根据课程设计、实施和评价中的各个环节进行思考，组织学生合作交流，找准学生的兴趣点，引导学生在活动中主动探究。	
课程 融合	按照课程要求制定出个性化的课程方案，关注学科间的融通，对相关课程内容进行整合，形成有效经验和建议，并积极完善课程。	

三、繁荣"生动社团"，点燃语文学习兴趣

"生动社团"是语文实践的重要组成部分，是学生喜爱的交流学习、展示自我的平台。

（一）"生动社团"的实践与操作

"生动社团"以兴趣加特长的方式组建，培养学生的兴趣爱好，发展个性特长，为学生搭建交流展示的舞台。有"软笔书法社"、"姓氏之窗"、"班班有读"等。

1. 软笔书法社。通过讲述书法渊源和字体演变，让学生了解我国的书法艺术是在长期的历史过程中发展起来的，创造学书气氛、形成专注心境。教给正确方法，加强书法训练，给学生提供锻炼的机会，使一些书法素质好、书写水平高的学生一展才华。

2. 姓氏之窗。透过姓氏这个窗口，利用文史常识、名人典故等激发学生好奇心，引领学生追寻、探知姓氏图腾与来源。通过学习，学生能初步了解中华民族的姓氏起源与演化，激发起学生的民族自豪感与爱国热情。

3. 纵横辩论社。旨在提高学生的思辨能力，增强学生的口语表达能力，强化学生的逻辑思维，培养学生协作能力。根据个人条件有针对性地安排一些课程，如辩论基础知识、辩论技巧、初阶主题辩论体验、进阶辩论实战，定期组织校园辩论比赛。

4. 班班有读。培养孩子阅读兴趣，引导学生学习阅读的策略和方法，使其养成良好的阅读习惯和阅读品质。让学生能够"发展个性，健全人格"，获得高层次语言素材的熏陶，培养学生的创新精神。开展丰富的读书活动，如读书故事会、读书心得交流会、优美文章朗诵赛、知识竞赛等。做好学生的阅读方法的指导，对不同的读物能采用不同的方法，逐步培养学生的默读能力。

5. 创意读写社。以"创意"为核心，以"读"为载体，以"写"为辅，构建符合儿童读写心理和认知发展规律的课程。一周四本课外读物，采用不同的读写策略及适当的评价体系，推动儿童读写能力持续发展，培植语文课程创造力。

6. 小小演说家。运用放松训练、方法讲授、现场展示、游戏互动等方式，对孩子进行语言、思维、形体、演讲技巧等全方位的训练。提升公众演讲能力、帮助孩子出色表达；提升记忆能力、阅读能力、思维能力，引导孩子良性沟通；培养自信，训练孩子良好心理素质；最终提升演讲能力，打开情商之门。

7. 书友会。书是知识的海洋，书是人类进步的阶梯，新课标指出：要让学生喜欢阅读，感受阅读的乐趣，扩大阅读面，增加阅读量。书友会以"以书会友，分享智慧"为宗旨，以校图书馆无偿提供的阅读空间为依托，通过开展读好书、漂流书、评名著等系列活动，师生分享读书经验、心得，共同建设书香校园。

8. 小小主持人。旨在培养学生良好的语言表达能力,开发学生当众敢于说话、主动与人交流等多方面的综合素质。主要由普通话语音练习、气息练习、声训练习、绕口令、儿歌、古诗词、儿童诗、散文、故事、快板、表演练习、即兴模拟主持等部分组成。提高学生的普通话水平和语言表达能力，同时增强自信、提升文化修养，全面提高学生的综合素质，为学生的成才打下良好的基础。

9.硬笔书法社。教授学生掌握硬笔书写的基础知识和基本技巧，使汉字书写达到规范。教学内容分步实施，从书写姿势、临摹字帖，到点、横、竖、撇、捺等基本笔画的书写，再到独体字、合体字的书写方法规律，最后教学书写章法要求。

10.绿源文学社。利用文学常识、经典美文等学习活动激发学生好奇心，引领学生培养阅读兴趣。通过学习，学生能初步了解文学史，提高写作能力，激发学生的民族自豪感与爱国热情。

11.图游世界。面向全校喜欢旅游、热爱旅游的学生开设。主要采取教师讲授、学生分享、校外旅游三种形式开展教学。课程内容涉及欧洲几个典型国家的建筑、饮食、民俗文化等。通过视频、图片、学生收集分享等方式，将旅游景观介绍与文化体验相结合，培养学生的旅游兴趣，提高学生旅游过程中的审美层次和文化体验，增强学生在语文学习与生活方面的收获与感悟水平。

（二）"生动语文社团"的评价标准

"生动语文社团"从活动开展的有效性、活动过程的实践性、活动成果的完成度和活动反思的促进性方面进行评价（见表1-5）。

表1-5　"生动语文社团"评价细目表

项目	评 价 内 容	评价等级（优良中下）
活动开展	能按期组织开展社团活动，活动中态度积极，体验活动的乐趣，在活动中表达自己的想法。	
过程实践	积极参与活动，有独立思考能力，善于与他人协作，能采纳他人意见或建议，组织语言，交流观点。	
活动成果	注意收集整理社团活动的各种成果并对与之相关的领域充满好奇心和探索欲，制作如阅读小报、图游手册、作文集等定期展示。	
反思提升	善于向社团中的老师和伙伴学习，与语文学习相结合，就活动中遇到的问题咨询老师或同伴交流、沟通以提升自己的认识，调整思维。	

四、举办"生动语文节"，树立精神仪式感

"生动语文节"是一种庆典仪式，它具有丰富的文化内涵，能充分启迪

学生智慧，激发阅读兴趣，培养想象能力、表演能力和创造能力，塑造孩子习真、习善、习美的良好品质。

（一）"生动语文节"的实践与操作

"生动语文节"不仅是一个个节日，更是一次次爱的洗礼；既是一个个动人的故事，又是一份份特别的成长礼物。我们定期开展"生动语文节"活动，积极营造浓厚的语文学习氛围，以不同的主题掀起学生对"生动语文"的热情（见表1-6）。

表1-6　"生动语文节"课程安排表

时间	年级	节日名称	课程实施
9 月	一年级	汉语拼音节	1. 了解拼音的用处 2. 发现生活中的拼音
10 月	一年级	童话故事节	讲童话故事
11 月	二年级	儿童诗歌节	1. 儿童诗歌朗诵会 2. 童诗创作大赛
12 月	二年级	创意绘本节	1. 绘本推荐会 2. 绘本故事我会编
1 月	三年级	悦读交流节	1. 跳蚤市场 2. 好书交流会
2 月	三年级	对子楹联节	1. 对子楹联迎新春 2. 社区送对子楹联表祝福
3 月	四年级	大美唐诗节	1. 唐朝诗人知识集锦 2. 阳春三月赛诗会
4 月	四年级	汉字文化节	1. 汉字故事我来讲 2. 汉字里的文化
5 月	五年级	书法艺术节	1. 书法家趣事 2. 书法作品展
6 月	五年级	中华宋词节	1. 宋词大家诵 2. 词牌荟萃
7 月	六年级	戏剧表演节	1. 戏剧大舞台 2. 名剧推介会
8 月	六年级	创意小说节	1. 小说我来写 2. 小说达人秀

（二）"生动语文节"的评价标准

"生动语文节"的评价从活动主题、内容呈现、活动形式和活动过程等方面看是否提高了学生的语文学习兴趣，实现了自主性，是否将语文学习与生活实践相结合，具有实践性，是否拓展了学生的视野，是否重视开放度，是否促进了学生的生命成长，关注整合性与延续性（见表1-7）。

表1-7 "生动语文节"评价细目表

项目	评 价 标 准	等级（优良中下）
活动主题	鲜明、新颖，有语文味儿。	
	时代感强，丰富儿童当下的语文生活。	
内容呈现	内容新颖，激发学生的语文学习兴趣。	
	活动呈现出强烈的语文特色。	
	结合语文学习，贴近生活。	
活动形式	寓教于乐，展示学生个性特长。	
	丰富多样，学生喜闻乐见。	
	环境营造得体，烘托活动主题。	
活动过程	学生热情参与，主体作用发挥好。	
	循序渐进，激发学生爱祖国、主动学习语言文字的热情。	
	层次分明，循序渐进，结构完整紧凑。	
活动效果	学生积极体验，激起情感共鸣，有自己的体验感悟。	
	学生精神振奋，语文能力得以提高。	

五、开启"生动之旅"，拓宽语文实践天地

（一）"生动之旅"的实践与操作

陶行知先生的"生活即教育"启发我们：儿童的思维、认知、情感、语言发展等都是在生活中潜移默化形成的。"生动之旅"就是利用一切可以利用的条件为学生营造浓厚的文化氛围，让学生在多元的环境中通过各种渠道感受到"语文"无处不在、无时不有，在充满真、善、美的环境中学习语文、放飞心灵、健康成长。"生动之旅"关注生活，提倡在生活中学习、思考、感悟。"生动语文"课程在每月初统一设置，各年级将研学旅行的方案上报学校，经批准后分批进行集体、小组、亲子活动（见表1-8）。

表1-8　"生动之旅"课程活动安排

时间	地点	参与人员	课程
1月	安徽省博物院	3年级学生	宣纸历史
2月	安徽省书画院	1—6年级学生	书画意韵
3月	三国遗址公园	5年级学生	文化溯源
4月	大蜀山烈士陵园	4年级学生	缅怀英雄
5月	新华书店	1—6年级	书的海洋
6月	文摘周刊报社	3—6年级学生	报纸的家
7月	合肥市科技馆	4年级学生	水之渊源
8月	徽文化博物馆	6年级	徽州古韵
9月	名人馆	6年级学生	大家人生
10月	包公祠	3年级	庐州骄傲
11月	渡江战役纪念馆	5年级	战争岁月
12月	合肥市植物园	1—6年级学生	自然物语

（二）"生动之旅"的评价标准

"生动之旅"评价在学生的自我评价基础上，通过师生互评、小组讨论等途径，在总结经验和交流展示中体现课程的张力（见表1-9）。

表1-9　"生动语文之旅"评价细目表

评价项目	评价要点	评　价　标　准	效果（优良中下）
目的内容	目标明确	培养学生独立意识和合作探究能力、发展个性。	
	内容实用	贴近生活，丰富学生的语文学习经验。	
	综合实践	多种渠道收集、整理信息，运用语文学科知识增长见识。	
	深浅适当	目标设置合理，难易程度符合儿童的认知发展。	
方式方法	组织形式	走出校园，在实践中感悟。具体组织形式灵活，是语文学习的有益补充。	
	内容方法	方法多样得当，重视体验，引导表达。	
活动过程	活动要素	具备基本出行条件，家校配合。	
	活动步骤	活动准备、活动开展、实践研究、评价总结。	
活动效果	学生自主性	能引导学生自主思考、设计操作和解决问题。	
	学生创造性	思路设计新颖，方式方法多样，成果展示彰显学科魅力。	

"生动语文"承载着我校全体语文老师对学科教学的热爱、对学生生命有质量成长的期盼。一路走来，我们在制定课程实施方案、探索学科课程实践中，实现教育教学理念的融合与跨越。

　　（撰稿人：裴文云　王田军　许曼　金晶　郑荣云　陈广秀　刘琴）

第二章

泰勒认为："我们如果要系统地、理智地研究某一课程，首先必须确定所要达到的各种教育目标。"从整体课程挖掘培育核心素养的价值，可以达成课程育人总目标在时间与空间两个维度上的双跨界；从学科课程挖掘培育核心素养的价值，可以达成学科目标之间相互渗透、相互依存、协同一致的多维度跨界。

目标跨界：
学科课程的素养取向

目标是指想要达到的境地或标准。目标是对活动预期结果的主观设想，是在头脑中形成的一种主观意识形态，也是活动的预期目的，为活动指明方向，具有维系组织各个方面关系，构成系统组织方向核心的作用。

课程专家泰勒认为"我们如果要系统地、理智地研究某一课程，首先必须确定所要达到的各种教育目标"。① 课程目标是指课程本身要实现的具体目标和意图。它规定了某一阶段的学生通过课程学习以后，在发展品德、智力、体质、审美、劳动等方面期望实现的程度，它是确定课程内容、课程实施、课程评价的基础。从某种意义上说，所有教育目的都要以课程为中介才能实现，也可以说课程本身就可以被理解为是使学生达到教育目的的手段。所以说，课程目标是指导整个课程编制过程最为关键的准则。

让我们从目标的原则性视角，来理解目标跨界的必然与应然，打通目标跨界与儿童核心素养发展之间的关联。

目标层次要清楚，各分目标必须协调一致。"分目标协调一致"的目标架构指的是支持全局、整体目标要细化为分层设置，具体到课程来说，各个部分或者说各个学科的课程目标之间是相互渗透相互依存并同步实施的。以核心价值观目标培育为例，既体现在道德与法治的课程中，也渗透在其他课程之中；既体现在课堂上，也体现在各类活动中。分目标之间的协同一致则是课程育人子目标上的跨界。

目标应建立在可靠的基础上，必须是可行的，而不能是可望而不可及的，应建立在对组织内外环境进行周密调查研究的基础上，有充分的客观依据。课程目标是儿童具备的素养要求，以小学生人文素养为例，自幼开始对中华传统文化启蒙，直到小学毕业仍在学习之中。传统文化中既有语文的也有数学的，既有音乐的也有美术的，这种跨时间跨学科的课程目标，为扎实培养儿童的核心素养提供了可能。

目标必须是具体的，要便于衡量，而不是笼统、空洞的口号，应尽可能用可以衡量的数字或词语表示出来。课程目标亦是如此。以道德素养为例，道德是心理的范畴，心理是对客观的反映。道德素养的总体目标是社会责任、国家认同。拿社会责任来说，儿童责任感的培育是从自我负责开始，幼

---

① 林德全．泰勒的课程目标观及其启示［J］．天中学刊，2010（1）：19—21．

时自己吃饭自己睡觉，儿时自我服务自我管理，上学后认真对待学习自主完成必要的任务，这些看似不起眼的事情在知情意行层面得到落实，自我负责才可能实现，扛起社会责任才有认知基础。社会责任目标的实现，不仅仅是在道德与法治的课堂中完成的，它涵盖在所有学科的学习中，也包含在儿童全部的生活中。这种超本体的课程目标跨界，为完成儿童核心素养的累积效应奠定基石。

"童悦语文"课程尊重儿童的本性与成长规律，尊重儿童的个体差异，给予儿童更多的肯定、鼓励，培养儿童对语言文字的认识、理解、感悟并让其最终成长为自己的精神力量。"童跃语文"是更开放的语文，把课本外的知识带到课堂上；"童跃语文"让儿童在生活中学习语文，使得他们的心灵的泉水在自信、自主的氛围里自然地流淌；"童跃语文"让儿童浸润在优美的语言文字中，获得丰富、美好的语言滋养。

童悦语文：让童心随语文悦动

合肥市侯店小学语文组现有教师 6 人，其中一级教师 5 人，二级教师 1人。组内成员年轻化、专业化。多年来，侯店小学以教研组为单位，发挥团队的集体力量，通过开展听课、评课、磨课、赛课等课堂实践活动，成就了孩子们喜爱的风格迥异却妙趣横生的课堂。近年来，教研组在各类评比活动中获奖，语文课堂教学质量稳步提升。学校依据中共中央、国务院《关于深化教育教学改革全面提高义务教育质量的意见》，教育部《关于深化课程改革，落实立德树人根本任务的意见》、《义务教育语文课程标准（2011 版）》（以下简称《课标》）等文件精神，深入开展语文学科课程群建设。

第一节

让心灵的泉水
自然流淌

一、学科价值观

《课标》指出："语文课程是一门学习语言文字运用的综合性、实践性课程。义务教育阶段的语文课程，应使学生初步学会运用祖国语言文字进行交流沟通，吸收古今中外优秀文化，提高思想文化修养，促进自身精神成长。"

基于对课程标准的认识，我们认为语文学习过程是学生实现自我成长的过程，在此过程中，学生通过对语言文字的学习和运用，不断提高人文素养，丰富精神世界。有鉴于此，学校语文课程的学科价值观得以确定：让儿童在学习语文的过程中发展语言、启迪智慧、传递文化、丰润心灵。

二、学科课程理念

语文教育绝不仅是概念的分析、概括，也不仅是工具的掌握，更重要的是一种精神的熏陶和人格的养成，因此其人文价值是不言而喻的。而人文内涵对儿童精神领域的影响是深广的，深入儿童的生命、心灵、精神成长的过程。因此，我校确定语文学科的课程理念为"让语文课堂带给儿童以文字的享受、情感的升华、精神的成长"，让儿童心灵的泉水自然流淌。

教研组基于学校语文课程学科价值观及学科理念，设置了"童悦语文"课程群。

（一）"童悦语文"是尊重生命、关注生活的语文

儿童发展有其自身的规律性及个体差异性，"童悦语文"的真谛就在于宽

容、理解，尊重儿童的本性与成长规律，尊重儿童的个体差异。给予儿童更多的是肯定、鼓励，培养儿童对语言文字的认识、理解、感悟并让其最终成长为自己的精神力量。"童悦语文"课堂不仅仅局限于课本知识，而是更开放的语文课堂。因为如果儿童时常感受到语文离他们很近（生活中就有语文课堂），会让他们更加自信、主动地学习。

（二）"童悦语文"是丰富积累、注重表达的语文

语文学习能力，最直接的就是表现在交往过程中听说读写的能力，这也与语文学科的工具性相统一。"童悦语文"的课堂提供给儿童丰富、美好的语言滋养，引导儿童浸润在优美的语言文字中，助其反复品味，促其自信表达。

（三）"童悦语文"是传递文化、丰润心灵的语文

"心灵"即"人的思想感情"。语文课堂触动儿童的心灵是由语言学科的人文性质决定的。语文是一门表情达意的学科，滋养儿童的精神世界、丰富儿童的心灵成长是语文教学义不容辞的任务。"童悦语文"课堂在引导儿童充分感悟文章内涵的基础上，培养他们勤劳、勇敢、善良、谦虚、坚强、乐观、感恩的美德，使儿童的精神世界得到升华。

"童悦语文"倡导，通过听、说、读、写等多种学习方式，使儿童感受文字的美好，吸收优秀文化，促进自身心灵成长。

第二节

感受语言文字的博大精深

一、语文课程总体目标

依据《课标》基本理念与内容，"童悦语文"课程的总体目标表述如下：培养儿童热爱祖国语言文字的情感，增强学习语文的自信心，养成良好的语文学习习惯；具有独立的阅读能力，热爱阅读，注重情感体验，发展感受和理解的能力；在语文学习的过程中，认识中华文化的博大精深，汲取民族文化智慧，吸收人类优秀文化的营养，提高文化品位，逐步形成积极的人生态度和正确的世界观、价值观。结合"童悦语文"课程的培养目标，我们认为语文学科不仅要培养儿童正确运用祖国语言文字的能力，更要培养儿童良好的语文学习习惯，让他们勤于阅读、乐于表达、勇于探究，在学习语言的过程中启迪智慧，传递文化，滋养心灵，为儿童的全面发展打下坚实的基础。

二、语文课程年段目标

在"童悦语文"课程总体目标的基础上，结合各年级儿童身心发展特点，依据《课标》中的"学段目标与内容"制定"童悦语文"学科课程年级目标。这里，我们以二年级为例，详见表 2-1。

表 2-1　合肥市侯店小学"童悦语文"学科课程年级目标

年级	单元	上学期	下学期
二年级	第一单元	**基础目标** 1. 积累并运用表示动作的词语，能借助图片或关键词，了解课文内容。	**基础目标** 1. 借助生活中的物品认识生字、词语；有生活中主动识字的愿望。

年级	单元	上学期	下学期
		2. 产生热爱大自然的情感和探索大自然中科学奥秘的兴趣。 **拓展目标** 喜欢阅读童话故事，分享阅读的快乐。	2. 正确、流利地朗读课文，能注意语气和重音。感受春天的美好。 3. 能用恰当的语气与别人交流，避免使用命令的语气。 **拓展目标** 感受大自然的美好，激发对大自然的热爱之情。
	第二单元	**基础目标** 1. 能结合图画识字学文，了解形声字形旁表义、声旁表音的特点。 2. 能从课文中体会大自然的丰富美妙，激发儿童对大自然的喜爱之情。 3. 懂得阅读时遇到不认识的字可以用部首查字法查字典，初步建立部首的概念，学会用部首查字法查字典认识生字。 **拓展目标** 体会阅读的快乐，乐于分享阅读成果。	**基础目标** 1. 能用多种方法猜测词语意思，并说出了解词语意思的方法。能拓展积累词语。 2. 仿照例句，展开想象，把自己喜欢的景物写下来。能发现汉语一词多义的特点。 3. 懂得关心帮助他人、与家人相亲相爱。 **拓展目标** 鼓励儿童从文章中吸取力量，陶冶情操；培养儿童良好的观察与思考的习惯。
	第三单元	**基础目标** 1. 能正确、流利地朗读课文。了解关键词句的意思，能用指定的词语写句子。 2. 能针对问题，说出自己的感受或想法。 3. 继续培养学生专心听、静心听的好习惯。 **拓展目标** 鼓励儿童学会积累，并养成学会倾听的习惯。	**基础目标** 1. 能利用韵语、形旁与字义的联系、借助图片识字。 2. 能借助形旁猜测字义、正确选用形声字并查字典验证。 3. 积累词语。 **拓展目标** 能在语言环境中初步感受祖国山河的壮美和文化的悠久。
	第四单元	**基础目标** 1. 联系上下文和生活经验，理解词句的意思。 2. 能正确、流利地朗读课文，理解课文内容，背诵古诗和指定的课文段落。	**基础目标** 1. 能正确、流利地朗读课文。 2. 能根据情境展开想象，仿照课文相关段落或语句把想到的内容写下来；能根据提示，用上提供的词语编故事。

年级	单元	上学期	下学期
		3. 仿写句子，提升写话能力。 **拓展目标** 初步感受大自然的神奇、壮丽，激发儿童认识家乡、赞美家乡的情感。	3. 能根据提示，写好三包围、全包围结构的字。 **拓展目标** 拓展思维，感受想象的乐趣。
	第五单元	**基础目标** 1. 能分角色朗读课文，读好对话；读出不同句子的语气。 2. 能联系生活实际，初步体会课文讲述的道理。 3. 能结合课后题，感受和体会语言表达的多样性，学习表达。 **拓展目标** 阅读故事，感悟生活，学会表达。	**基础目标** 1. 能正确、流利地朗读课文，读出恰当的语气。 2. 能根据课文内容，说出自己的简单看法。 3. 交流时，能做到等别人说完再发表自己的意见。 **拓展目标** 积累词语，能根据课文内容展开合理想象；理解课文内容，懂得故事中的道理。
	第六单元	**基础目标** 1. 正确、流利地朗读课文。借助词句，能讲述课文内容。 2. 感受先贤先辈心系百姓、无私奉献的精神，并由衷产生敬意。 3. 根据语境读准多音字，学习多音字据义定音的方法。 **拓展目标** 了解形声字声旁表音的构字规律；积累励志名句，初步感受名句蕴含的道理。	**基础目标** 1. 读课文，能提取主要信息。 2. 能联系语境猜测词语的意思。 3. 能展示如何参与建立和管理班级图书角，养成读书的习惯。 **拓展目标** 通过自主阅读，产生了解大自然的兴趣。
	第七单元	**基础目标** 1. 能正确、流利地朗读课文；背诵古诗《夜宿山寺》、《敕勒歌》。 2. 通过句子的对比朗读与抄写，感受语言表达的具体生动。 3. 能观察图画，展开想象，续编故事。 **拓展目标** 学会想象，感受人物良好的精神品质。	**基础目标** 1. 正确、流利地朗读课文，能读好问句，能分角色表演《青蛙卖泥塘》。 2. 能结合生活，说出对"人家是人家，我是我"的理解；能根据课文内容，展开想象。 3. 用多种方法猜字的读音和意思，并查字典验证；学习含有"好像"、"像…似的"的语句。 **拓展目标** 产生自主阅读的兴趣，理解故事内容，感受故事的有趣。

年级单元	上学期	下学期
第八单元	**基础目标** 1. 综合运用多种方法自主识字、自主阅读，读懂课文。 2. 借助提示，复述课文。 3. 了解左右结构的汉字书写要点，养成减少修改次数的书写习惯。 **拓展目标** 在阅读中识字，理解文章的主要内容。	**基础目标** 1. 能结合语境体会表示动作的词语的恰当运用。 2. 能根据课文内容，展开想象。 3. 能借助形声字构字规律，认识生字，并了解相似偏旁所代表的不同意义。 **拓展目标** 激发儿童对大自然的崇敬以及对神话故事的兴趣。

"悦"读"悦"
写越精彩

一、学科课程结构

依据《课标》中的目标内容，结合"童悦语文"的课程目标以及儿童对语文学习的个性化需求，"童悦语文"课程分为"童悦识、童悦读、童悦言、童悦文、童悦行"五大类。"童悦语文"学科课程结构见图 2-1。

图 2-1　合肥市侯店小学"童悦语文"课程结构图

（一）童悦识

《课标》指出："识字、写字是阅读和写作的基础，是第一学段的教学重点，也是贯串整个义务教育阶段的重要教学内容。"学校根据课程标准中一至六年级的识字、写字目标要求，注重培养儿童的识字兴趣，加强对儿童识字、写字训练，培养学生的识字能力。"童悦识"内容有"汉字擂台"、"汉字英雄"、"趣说汉字"等课程。

（二）童悦读

内容为引导学生阅读适龄儿童文学名著、文学作品及日常的书报杂志等。阅读的重要性不言而喻。鼓励学生阅读经典图书和古诗词，提高阅读兴趣，促其感受语言之美；鼓励学生用爱心看世界，在阅读中丰富自身积累，培养良好的语感。旨在把权力交给学生，使学生学会运用多种阅读方法，在阅读中品味语文。"童悦读"含"多彩绘本"、"品味唐诗"、"漫画成语"等课程。

（三）童悦言

内容为朗诵、演讲、辩论等活动。以教材练习中的口语交际为脚本，选择贴近学生生活的话题，创设真实的情境，旨在通过师生、生生互动交流，实践交际，培养学生的口语交际能力。经过"细水长流"的口语交际训练，通过"润物细无声"的生活交际能力锻炼，使学生具备能说会道、能言善辩的口语交际能力，收获属于自己的言说的快乐。"童悦言"包括"言辞达意"、"妙语连珠"、"舌战群儒"等课程。

（四）童悦文

内容为小学阶段各类文体的写作活动。旨在贴近生活实际，引导学生留心观察，热爱生活，亲近自然，关注社会。叶圣陶先生曾经说过："作文的自然顺序应该是我认识事物，心中有感，感情的波澜冲击着我，我有说话的愿望，便想倾吐，于是，文章就诞生了。"鼓励具有真情实感、有创意的表达，指导学生在写作创作中，用心去感受生活，在生活中孕育情感。"童悦文"主要包括"看图说话"、"梦笔生花"、"文楼揽月"等课程。

（五）童悦行

内容为校内外的各种语文实践活动。通过语文综合实践活动，促进学生养成合作、分享、积极进取等良好的个性品质，培养学生收集信息和处理信息的能力和发现问题、解决问题的能力，提升学生形成对自然、社会的整体认识，促使学生的学习方式发生根本转变。"童悦行"主要包括"传统节日"、"楹联拾趣"等课程。

二、学科课程设置

合肥市侯店小学"童悦语文"学科课程设置如下表所示（见表2-2）。

表2-2 合肥市侯店小学"童悦语文"课程设置表

年级＼内容		童悦写	童悦读	童悦言	童悦文	童悦行
一年级	上册	音韵悠悠	拼音故事会	你说我听	童言童语	校园初探
	下册	识字擂台	快乐悦读	乐说乐听	看图说话	小鬼当家
二年级	上册	汉字乐园	多彩绘本	言辞达意	乐写善思	传统节日
	下册	汉字故事	品味唐诗	活跃纸间	牛刀小试	认识节气
三年级	上册	写字有方	趣味童话	能说会道	梦笔生花	小小演讲家
	下册	汉字英雄	伊索寓言	畅所欲言	笔尖芬芳	图书馆探秘
四年级	上册	趣说汉字	漫画成语	达人秀场	小作家长廊	楹联拾趣
	下册	书写能手	趣读山海经	口语会课堂	笔下生花	朗读者
五年级	上册	见字如面	名人故事	出口成章	妙笔仙阁	无字词典
	下册	写字大咖	上下五千年	妙语连珠	文楼揽月	语文百科
六年级	上册	笔精墨妙	名家引领	学贯中西	笔尖芳华	诗词中华
	下册	墨韵留香	初识论语	舌战群儒	毕业寄语	感恩母校

第四节

收获语文学习
的最美滋味

一、打造"童悦语文课堂"，彰显语文课堂魅力

课堂是课程实施的主载体，为整体提高语文课程实施品质，"童悦语文课堂"致力于让儿童在语文实践中，获得文化滋养，实现精神成长。

（一）"童悦课堂"的基本要求

"童悦课堂"是面向全体儿童的课堂，关注每一个儿童的成长，发展每一个儿童的个性。让每一个儿童都能进入多彩的语文乐园，感受语文独特的魅力。

"童悦课堂"是灵动的课堂。语文课程有着深厚而宽广的人文教育资源，人类文化和文明的精髓尽在其中，是一门最能激发人的灵性、启迪人的思维和想象的课程。它充满思想，充满人文精神，充满智慧。语文课程要焕发生命活力，就要让课堂活起来。"童悦课堂"力求让每一位儿童都充分张扬个性，主动探究未知的世界，享受语文学习的乐趣。

"童悦课堂"是自主的课堂。不同于传统的老师负责教、儿童负责学的单一模式，"童悦课堂"更关注儿童的独立性以及自主学习的能力。教师创设有利于儿童自主学习的环境，同时开展多向互动合作的自主学习活动，并激发儿童勇于创新的精神。教学过程是师生交往、积极互动、共同发展的过程。

"童悦课堂"是情感的课堂。语文教学应为儿童提供一个温馨、和谐的人文环境，倾注人文关怀，激发起孩子们的情感渴望，点燃起孩子们的心灵火花，语文教育应用人类文化的神韵去滋润孩子们的心田。

（二）"童悦课堂"的评价标准

课堂是一个过程，是一种状态，为了保障"童悦语文"课程的有效实施，课程组设计出了操作性强的"童悦课堂"评价标准。见表2-3。

表2-3 合肥市侯店小学"童悦课堂"评价标准

评价项目	评 价 要 点	评价	
		分值	得分
教学目标	1. 符合课标理念，体现三维目标的要求。	5	
	2. 切合教材要求和学生实际。	5	
	3. 表述准确、具体。	5	
教学内容	1. 适合学生的发展现状与需求，有利于全面提高学生语文素养。	5	
	2. 有利于培养爱国主义情感，提高文化品位和审美情趣。	5	
	3. 有利于形成良好语感，构建开放有活力的语文课程。	5	
	4. 准确把握教学重点、难点。	5	
教学过程	1. 教学思路清晰，层次清楚，结构合理，重点突出。	3	
	2. 关注个体差异，全体学生参与学习，学生学习自主，学会合作、探究、高效。	3	
	3. 课堂情景创设能激发学生学习语文的内在需求和求知动力，让学生语言和精神同构共生。	3	
	4. 教师是学生学习的组织者、引导者、合作者；面向全体，关注个体差异，注重个性发展；师生关系和谐，情知交融。	3	
	5. 利用现代化信息技术，整合学科教学。	3	
教学方法	1. 教学方法具有启发性，充分发挥学生的主体作用。	3	
	2. 情境创设恰当、有效，问题设计严谨、合理。	3	
	3. 体现学生的能力培养，情感的激发。	3	
	4. 教学手段运用得当。	3	
	5. 及时反馈，合理调整；注重正面评价，激发学生学习积极性。	3	
教学效果	1. 提升学生的人文素养、阅读理解与表达交流的多方面基本能力。	5	
	2. 全面达到教学目标，完成教学任务。	5	
	3. 学生思维活跃，表现出积极的情感与态度。	5	
教师素质	1. 教态自然，语言准确简练，示范规范，指导得法，板书科学合理。	5	

评价项目	评 价 要 点	评价	
		分值	得分
	2. 能正确熟练地使用直观教具和现代信息技术媒体，并合理优化。	5	
	3. 善于组织教学，具有一定的教学机智，随机调控能力强。	5	
教学特色	教学特色鲜明，为学生所喜欢。	5	
合计		100	

二、开展"童悦语文节"，感受语文快乐

"童悦语文节"是我校实施课程方案的重要措施之一。"童悦语文节"紧紧围绕课程目标要求，将听、说、读、写等内容以游戏形式呈现，充分调动儿童的参与热情，以达到在活动中运用语言文字的目的。

（一）"童悦语文节"的实施

让儿童感受到语文就在身边，体验语文学习的快乐，从而了解语文，爱上语文。具体包括"拼音王国大冲关"、"汉字听写大赛"、"书法擂台赛"、"水浒故事会"、"国学堂"、"诗歌朗诵会"、"阅读达人秀"、"作文竞赛"等各种涵盖面广、形式多样、内容丰富的赛事活动。

1. 拼音王国大冲关。以语文活动课程的形式，鼓励每个儿童积极参与到拼音学习过程中来，以进一步激发儿童学习拼音、使用拼音的兴趣，巩固前期所学的拼音知识，提高他们使用拼音为汉字的学习提供帮助的意识。活动分为四关：声母关、韵母关、整体认读音节关和词句拼音关，每关分别由各年级的语文教师担任考官，并为过关通过的儿童在"拼音王国通关证"上加盖印章。（1）声母关：设两关（单个声母读，声母分辨读）；（2）韵母关：设两关（单个韵母读，韵母分辨读）；（3）整体认读音节关：设两关（整体认读音节读，带调音节读）；（4）词句拼读关：设两关（音节词读，连词成句读）。

2. 汉字听写大赛。分为班级初赛和校级决赛两个环节。（1）班级初赛阶段：各班级根据参赛规则，在班级内组织开展此项活动，听写内容由本班语文老师统一。活动结束后，每班选出 8 名优秀选手，晋级校级决赛。（2）校级决赛阶段：听写大赛采用积分制，考官随即抽取听写内容，每听写完一

词，裁判根据参赛选手书写是否正确决定选手得分。每写对一词得 5 分，按照得分的多少来判定获胜的班级和个人。如出现分数相同的班级和个人，将由教导处单独准备内容进行复赛，直至分出胜负。

3. 诗歌朗诵会。通过比赛培养儿童爱国主义情操，培养学生对诗词的兴趣，提高学生的口语表达能力，激发学生的读书兴趣与热情，让他们在活动中沐浴文化的恩泽，接收传统的洗礼，享受阅读的乐趣。

（二）"童悦语文节"的评价

活动过程力求完整，有方案、有实施、有评价、有总结。具体评价细则见表 2 - 4。

表 2 - 4　合肥市侯店小学"童悦语文节"评价表

评价项目	评 价 标 准	分值	得分
活动方案	1. 思想内容紧扣主题，观点鲜明正确，内容充实，体现学科特点，儿童参与面广，活动方案清晰可行。 2. 比赛规则严格，评分制度公平公正。	30	
活动准备	活动前准备充分，分工细致，最大程度地体现活动的影响力。	20	
活动内容	1. 有完整的活动内容。 2. 活动形式新颖，能很好地调动参与者的积极性。 3. 活动过程连贯、紧凑合理。 4. 活动形式有所创新。 5. 儿童从中受益程度高。 6. 评分标准合理，体现公平公正原则。	40	
活动效果	1. 活动效果良好，儿童参与度高、受益程度大。 2. 活动内容梯度分明，关注面广，体现以生为本。	10	

三、开发"研学课程"，拓展语文视野

"研学课程"是对课堂教学的补充和延伸，这样的课程生动有趣，对学生有着巨大的吸引力和影响力。在实现语文学习目标的同时，提高学生对自然、社会现象与问题的认识，增强学生在自然、社会和他人互动中的应对能力。其具体的实施与评价如下：

（一）课程内容与实施

"童悦语文"研学课程主要包括每年春秋季带领儿童走进社会、走向大

自然的一系列活动,比如带领儿童走进"科技馆探秘",走进"神奇的地质博物馆",走进"秀丽大蜀山"、"有趣的植物园",让儿童感受大自然的奇妙,拓展视野,增长见识,领略人类智慧,启发思维。见表2-5。

(二) 课程评价

表2-5 合肥市侯店小学"童悦语文研学之旅"学生评价表

项目 \ 分值	A级 100分	B级 80分	C级 60分	个人评价	同学评价	教师评价
积极参与	积极参与、认真倾听,积极讨论。 (20分)	能听讲,有时会参与讨论。 (16分)	偶尔听讲,不参与讨论。 (12分)			
留心观察	善于观察,勤于思考,主动提问。 (20分)	会思考,能提出自己的问题。 (16分)	不敢或不愿提问题。 (12分)			
主动探究	积极整理材料,运用语文知识探究问题。 (20分)	可以运用语文知识探究遇到的问题。 (16分)	没有运用语文知识探究。 (12分)			
善于合作	善于与人合作,乐于分享,虚心听取别人意见。 (20分)	乐于交流,能够听取别人的意见。 (16分)	缺乏合作意识,难以与别人交流。 (12分)			
勤于记录	认真完成活动记录,善于收集整理相关成果。 (20分)	按时完成活动记录,能够整理相关成果资料。 (16分)	不能完成活动记录,缺乏自主收集整理成果的意识。 (12分)			
我的收获						

在"童悦语文"课程理念和课程目标指引下,我们带领儿童收获语文学习的最美滋味。

(撰稿人: 裴文云 宋轶菲 祝晓娟 余学军 杨瑞 张奇)

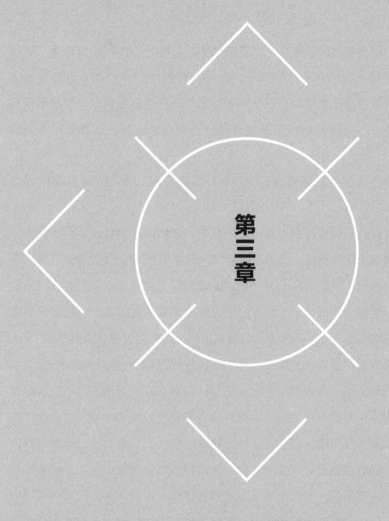

第三章

结构跨界：学科课程的框架意识

布鲁纳认为，任何一门学科都有一个基本结构，即具有其内在的规律性。课程结构是课程各部分的配合和组织，它是课程体系的骨架。结构跨界的前提是学科课程的目标、内容自身以及相互之间有规律的安排与搭配。结构跨界的实施依赖于教师将课程学习建构成一个或多个有着内部逻辑的相互连接的框架。

结构，指事物之间的关系，由组成整体的各部分的搭配和安排等。学科结构课程理论流派的代表人物布鲁纳认为，任何一门学科都有一个基本结构，即具有其内在的规律性。它反映了事物间的联系，包含了"普遍而强有力的适应性"。① 课程结构是课程各部分的配合和组织，它是课程体系的骨架。

结构跨界的前提是学科课程的目标、内容自身以及相互之间的安排与搭配。

结构跨界的基础是课程本身明晰的框架。学科课程的目标、内容自身以及相互之间的安排与搭配，是否足以构筑成一个系统或立体的框架且能为学生更概括地把握，化繁为简一目了然，而非庞杂无序不明所以，是影响结构跨界的基本前提。如果每一个课程的架构对于儿童而言都能够有明确的感受与认知，结构与结构之间的联系就会显露出来，结构跨界也会悄然产生。

结构跨界的实施依赖于课程学习过程中的框架意识。蒙台梭利说过："我看过了，我忘记了；我听过了，我记住了；我做过了，我理解了。"从框架意识的角度来判断这段话的涵义，视觉的学习弱于听觉的学习，实际操作的学习能将知识与自身建立联系。这种实际操作相当于儿童对自己所学习的内容在自己理解的基础上实现重新建构。在课程的学习过程中，儿童能将知识与知识、知识与生活，单元与单元、单元与整体之间的联系，用图示或语言进行描述，把他们之间的起承转合、铺垫、照应等建构成一个有着内部逻辑的或多个相互连接的框架，是结构跨界的具体表现。

结构跨界的实质是体现以儿童发展为中心的课程框架主张。布鲁纳着眼于发展儿童的智力，把儿童思维能力与迁移能力的发展置于课程设计的中心，主张学科知识结构与儿童认知结构相统一，教学中突出知识形成的过程。以儿童为主体的课程框架理念，从静态的课程设计到动态的课程实践，其内在的逻辑是基于儿童的心理发展；课程内容的螺旋式序列，是儿童在学习经历中可以感受到的。在这种框架内，儿童对学科、对课程的内容把握，有着明确的结构认知。

---

① 付云，王树志. 布鲁纳结构课程观对语文学科课程建设的启示［J］. 文学教育（中），2010（11）：106—107.

"5I"英语倡导创设多情景的智慧教学，营造英语学习氛围，让学生感受到英语学习的趣味和魅力，激发学生英语学习兴趣，在"智慧、沉浸、兴趣、自主、创新"且有结构的学习中，增强学生的跨文化意识，感受文化的多元性，促进学生人文素养的全面发展。

"5I"英语：让学习者爱上英语

合肥市侯店小学从三年级起开设英语课程。学校英语教师利用课余时间坚持学习英语专业知识，提高个人素养，积极参加各种教研活动，提升教学水平。我们依据中共中央、国务院《关于深化教育教学改革全面提高义务教育质量的意见》，教育部《关于深化课程改革，落实立德树人根本任务的意见》、《义务教育英语课程标准（2011 版）》（以下简称《课标》）等文件精神，推进英语学科课程群建设与实施，取得良好成效。

第一节

徜徉英语
文化之海

一、学科价值观

《课标》指出：义务教育阶段的英语课程具有工具性和人文性双重性质。工具性即学生通过英语课程掌握基本的英语语言知识，发展基本的英语听、说、读、写技能，初步形成用英语与他人交流的能力，进一步促进思维能力的发展，为今后继续学习英语和用英语学习其他相关科学文化知识奠定基础；人文性即学生通过英语课程能够开阔视野，丰富生活经历，形成跨文化意识，增强爱国主义精神，发展创新能力，形成良好的品格和正确的人生观与价值观。工具性和人文性统一的英语课程有利于为学生的终身发展奠定基础。

基于英语学科的课程属性，结合学校的文化内涵，我们确定了"5I"英语课程的核心价值观：以培养学生综合语言运用能力为基础，通过英语课程的探索学习，增强学生的跨文化意识，感受文化的多元性，促进学生人文素养的全面发展。

二、学科课程理念

英语课程承担着培养学生基本英语素养和发展学生思维能力的任务，承担着提高学生综合人文素养的任务。基于此，依据《课标》的要求，结合校情与学情，我们确定了"5I"英语的学科课程理念，即倡导通过创设多情景的智慧教学，营造英语学习氛围，激发学生英语学习兴趣，培养学生自主学习能力和创新能力，让学生感受到英语学习的趣味和魅力，最终爱上英语。

具体意义诠释如下。

（一）Intelligence 智慧

在互联网时代，智慧教学能营造极佳的英语学习氛围，有效激发学生的英语学习兴趣，丰富学生的学习体验，增加学生的英语积累，提升学生的英语思维能力。"5I"英语教学中，教师通过创设多情景的智慧教学，让学生在课堂上更加自主、合作、探究地有效学习，促进学生的人格成长，激发学生的智慧发展，提高学生的综合素养。

（二）Immersion 沉浸

语言学习可以分解为听、说、读、写四方面。而每个环节的学习都需要借助一定的语境，创设相应的情景，营造合适的氛围。"5I"课堂通过现代技术的使用，把单词、图像、声音、动画等多种形式集于一体，为学生创设了多样化的情境，让学生沉浸在课程中理解语言、掌握语言，培养和提升学生的英语能力。

（三）Interest 兴趣

心理学家布鲁纳曾指出最好的学习动力是学生对所学内容有内在的兴趣。学生有了兴趣，就能产生积极的学习热情。因此在教学中，我校依据学生的身心发展特征，采用多种教学方式，如学唱歌曲，观看视频，欣赏图片以及做游戏等方法为学生创设情境，充分调动学生的情感、兴趣，促进学生英语技能的发展，让学生在学习的过程中，不知不觉提升兴趣、拓宽视野、获取知识和塑造人格。

（四）Independence 自主

新课标把培养学生自主学习能力作为英语课程任务之一。教师在教学过程中要注重端正学生学习英语的态度，培养学生良好的英语学习习惯，采用有效的教学方法引导学生自主学习，成为学习的主人。"5I"课堂充分发挥学生的主体作用，打破传统教学的枷锁，建立民主平等的课堂氛围和师生关系，鼓励学生参照周围世界和生活实际，独立自主学习和合作讨论。

（五）Innovation 创新

创新是国家和社会发展的不竭动力，只有具备一定的创新能力，才能促进国家和社会的改革和进步。学生作为祖国未来的栋梁之才，肩负着祖国现代化建设的重任，因此，注重学生创新能力的培养是关键。"5I"课程要求教师在尊重学生身心发展规律的前提下，从激发学生的学习兴趣入手，充分挖掘英语教材的内涵、体系，合理利用多媒体教学优势，创设良好的教学情境，发展学生的创新能力。

综上所述，"5I"英语课程要求教师依据小学生的身心发展规律，充分利用现代教学技术，整合资源、创设情境，让学生沉浸在课程中，激发学生的英语学习兴趣，重点培养学生的自主学习和创新能力，坚持以学生为本的教学策略，满足学生个性化的学习需求，鼓励他们用英语去探索世界，感受多元文化的趣味和魅力，最终爱上英语学习。

第二节

提升英语
综合能力

一、学科课程总体目标

《课标》的总目标是：通过英语学习使学生形成初步的综合语言运用能力，促进心智发展，提高综合人文素养。综合语言运用能力的形成建立在语言能力、文化意识、思维品质和学习能力等方面整体发展的基础之上。英语语言能力构成英语学科核心素养的基础要素；文化意识体现英语学科核心素养的价值取向；思维品质体现英语学科核心素养的心智特征；学习能力构成英语学科核心素养的发展条件。这四个方面相辅相成，共同促进综合语言运用能力的形成与发展。

基于以上，我校提出"5I"英语课程总目标：坚持以学生为主体，以兴趣作为推动力，通过创设多情景的智慧教学，让学生在课堂上更加自主、创新地有效学习，培养学生的英语综合运用能力和学科人文素养。具体如下：

（一）语言能力

语言能力构成英语学科核心素养的基础要素，主要包括听、说、读、写等方面的技能以及这些技能的综合运用。英语语言能力的提高蕴含文化意识、思维品质和学习能力的提升，有助于学生拓宽国际视野和思维方式，开展跨文化交流。

"5I"课程通过探索符合小学生身心发展的英语教学规律，营造良好的教学氛围，通过创设多情景的智慧教学，鼓励学生自主学习，促进学生听、说、读、写、等多方面语言技能的提高。

（二）文化意识

文化意识体现英语学科核心素养的价值取向，语言作为一个民族文化的载体，小学英语是初步养成英语能力、培养文化意识的基础。"5I"课程通过智慧教学，充分利用教学资源将日常生活与教学内容相结合，在日常生活中渗透文化知识。同时，教师依据小学生的心理发展特征，将文化教育的知识、态度、能力目标系统地融入英语教学中，让学生不知不觉地进行跨文化交流。另外，学校积极组织文化活动，让学生在亲身经历跨文化实践的过程中，生成跨文化能力与态度。

（三）思维品质

思维品质指思维在逻辑性、批判性、创新性等方面所表现的能力和水平。思维品质体现英语学科核心素养的心智特征。"5I"课程中，教师依据小学生天性好动、思维活跃的心理特点设置符合学生认知水平的学习任务，让学生在交流互动中实现思维碰撞和情感交流，激发学习动机，培养积极的情感态度。另外课程遵循"以生为本"的基本原则，建立和谐的师生关系，树立学生的自信心，帮助学生掌握丰富的英语知识与技能，提升学生分析和解决问题的能力，使他们能够从跨文化视角观察和认识世界，对事物做出正确的价值判断。

（四）学习能力

学习能力指学生积极运用和主动调试英语学习策略、拓宽英语学习渠道、努力提升英语学习效率的意识和能力。学习能力构成英语学科核心素养的发展条件。"5I"课程教会学生制定英语学习计划，及时复习归纳学习内容；在词语与相应事物之间建立联想；在学习中集中注意力，并且在课堂交流中，注意倾听，积极思考；能自主阅读英语故事及其他英语课外读物，使学生做好英语学习的自我管理，养成良好的学习习惯，多渠道获取学习资源，自主、高效地开展学习。

二、英语学科课程具体目标

基于以上目标，依托"5I"英语学科课程理念，学校确立了系统而持续渐进的英语课程体系目标。这里，我们以三年级为例，见表3-1。

表 3-1　合肥市侯店小学"5I"英语课程年级目标

年级	单元	上学期	下学期
三年级	第一单元	**基础目标** 1. 能听、说、认读单词：ruler、pencil、eraser 等；能听懂、会说句型 Hello! What's your name?等；能够按顺序说出 26 个字母。 2. 能够在情景中与别人打招呼、介绍自己、询问别人的姓名等。 3. 渗透爱惜文具、热爱学习的情感教育；能够建立单词音、义、形之间的联系，整体学习单词。 **拓展目标** 1. 通过字母歌能够熟记 26 个字母发音。 2. 通过游戏的方式激发学生学习英语的好奇心。	**基础目标** 1. 能听、说、认读单词：China、Canada 等；能听懂、会说句型 Where are you from?等。 2. 知道元音字母 a 在单词中的发音；能够在情景中运用句型 Where are you from? /I am from ... 3. 学会与人沟通、交流个人信息；通过学习国家名称，了解中国和主要英语国家的国旗标志以及标志性建筑物。 **拓展目标** 1. 通过视频教学，学生知道部分国家的代表性建筑。 2. 通过情境教学，培养学生自我介绍的意识。
	第二单元	**基础目标** 1. 能听、说、认读单词：red、green 等颜色；能听懂、会说句型 Good morning 等。能正确听、说、读、写字母 Aa、Bb、Cc、Dd。 2. 能够在情景中运用句型 Good morning、This is ...、Nice to see you. 学会问候他人。 3. 了解彩虹的颜色组成；能够建立单词音、义、形之间的联系，整体学习单词。 **拓展目标** 1. 通过情景模拟，能创造性地运用所学句型问候别人。 2. 通过欣赏美术作品，知道简单的色彩搭配知识。	**基础目标** 1. 能听、说、认读单词：father、mother 等；能听懂、会说句型 Who's that man/woman?等。 2. 知道元音字母 e 在单词中的发音；能够在情景中运用句型 Who's that man/woman? /He's/She's my ... 等。 3. 要知道爱家、关爱家庭成员的情感；了解有关西方国家复活节的知识。 **拓展目标** 1. 通过阅读绘本，培养学生爱家、关心家人的情感。 2. 通过趣味语音教学，学生能判断符合元音字母 e 发音规律的单词。

跨界课程：学科课程的边界拓展

年级单元	上学期	下学期
第三单元	**基础目标** 1. 能听、说、认读单词：ear、eye 等。能听懂、会说句型 Look at me, This is my/the/a/an... 等；能正确听、说、读、写字母 Ee、Ff、Gg、Hh、Ii。 2. 能够在情景中运用句型 How are you? I am fine, Let's ... 等；培养保护眼睛和牙齿的意识。 3. 能够建立单词音、义、形之间的联系，整体学习单词。 **拓展目标** 1. 通过游戏教学，学生能了解表示接触的指示用语，能听懂，并按指令做出相应动作。 2. 通过阅读绘本，培养学生阅读兴趣。	**基础目标** 1. 能听、说、认读单词：tall、short 等；能听懂、会说句型 It's（so）tall/short 等。 2. 知道元音字母 i 在单词中的发音；能够在情景中运句型 It's（so）... It has ... 等。 3. 具有热爱动物、保护动物的意识，不乱逗玩动物或乱投喂动物等；能够逐步做到见到符合发音规律的词能拼读，听到符合发音规律的词能拼写。 **拓展目标** 1. 通过看卡片、读单词培养学生观察力和记忆力。 2. 通过游戏教学，培养学生模仿能力。
第四单元	**基础目标** 1. 能听、说、认读单词：duck、pig 等。听懂、会说并且在情景中运用句型 What's this/that?等。 2. 能正确听、说、读、写字母 Jj、Kk、Ll、Mm、Nn。 3. 培养学生热爱动物、保护动物的意识；了解英语中部分动物声音的拟声词。 **拓展目标** 1. 通过歌曲教学，学生掌握表示动物声音的拟声词。 2. 通过阅读绘本，学生了解不同动物的居住环境。	**基础目标** 1. 能听、说、认读单词：desk、chair 等；能听懂、会说，并在情景中运用句型 Where is ...? It's in/on/under ... 等。 2. 知道元音字母 o 在单词中的发音；养成自己收拾书包，玩具的好习惯。 3. 能够逐步做到见到符合发音规律的词能拼读，听到符合发音规律的词能拼写。 **拓展目标** 1. 通过歌曲教学，学生会灵活运用表示方位的介词。 2. 通过趣味语音教学，学生能判断符合元音字母 o 发音规律的单词。

年级	单元	上学期	下学期
	第五单元	**基础目标** 1. 能听、说、认读单词 bread、juice 等；听懂、会说并在情景中运用句型 I'm hungry. Have some … 等。 2. 能正确听、说、读、写字母 Oo、Pp、Qq、Rr、Ss、Tt。 3. 能够比较中西方早饭的异同，了解中西方餐具和菜谱的不同。 **拓展目标** 1. 通过阅读绘本，学生知道中西方早餐的差异性。 2. 通过表演字母操，激发学生学习字母的兴趣。	**基础目标** 1. 能听、说、认读单词：pear、apple 等；能听懂、会说，并在情景中运用句型 Do you like …? Yes, I do/No, I don't 等。 2. 知道元音字母 u 在单词中的发音。 3. 知道吃水果对健康有益；了解超市使用环保纸袋的做法；初步了解名词复数的用法。 **拓展目标** 1. 通过阅读绘本，学生知道吃水果有益健康。 2. 通过视频教学，学生了解不同水果的生长环境。
	第六单元	**基础目标** 1. 能听、说、认读单词 one、two 等；听懂、会说并在情景中运用句型 How many … 等。 2. 能正确听、说、读、写字母 Uu、Vv、Ww、Xx、Yy、Zz。 3. 能够了解中西方文化中谈论年龄话题的差异；了解不同国家的幸运数字。 **拓展目标** 1. 通过情境教学，学生能自主地用英文数数。 2. 通过表演字母操，激发学生学习字母的兴趣。	**基础目标** 1. 能听、说、认读单词：eleven、twelve 等；能听懂、会说，并在情景中运用句型 How many … do you have/see? I have/see … 等。 2. 知道元音字母 a, e, i, o, u 在单词中的发音规律；能够在教师的启发下，知道英文数字 13—19 以内的基数词的构成规律。 3. 能够逐步做到见到符合发音规律的词能拼读，听到符合发音规律的词能拼写。 **拓展目标** 1. 在沉浸式的学习环境中，能自主运用简单的英语进行交际。 2. 通过启发式教学，学生能掌握英文数字 13—19 以内的基数词的构成规律。

第三节

"慧"声"慧"色学英语

一、"5I"英语课程结构

《课标》指出，英语课程的学习，既是学生通过英语学习的实践活动，逐步掌握英语知识和技能，提高语言实际运用能力的过程；也是他们磨砺意志、陶冶情操、拓展视野、丰富生活经历、开发思维能力和提高人文素养的过程。"5I"英语课程以听、说、读、写及综合语言应用能力为基础，开设五大板块：慧心倾听、慧语惊人、慧读绘本、慧笔成趣以及慧寻文化。每一个板块都包含语言能力、文化意识、思维品质、学习能力四大要素。具体内容见图3-1。

图3-1 合肥市侯店小学"5I"英语课程结构图

（一）　慧心倾听

英语学习需要大量的语言输入，而"听"则是语言输入的最基本途径，也是英语学习的根本。大量的语音输入能丰富学生的语音知识，促进其"说"、"读"、"写"三方面能力的发展。"5I"课程通过智慧教学，采用沉浸式教学法，借助实物、幻灯片、手势、动作表情等多种手段进行直观教学。不同学段的听力课程（如低年级的"儿歌串烧"，高年级的"影视欣赏"）能充分调动学生的感官，培养听力技巧，让学生专注"慧"听。

（二）　慧语惊人

英语是一门语言学科，学习英语的目的在于交流，实现英语的工具性功能。"5I"课程在沉浸式教学模式下，教师为学生营造氛围，提供一个接近真实的学习环境，让学生通过高度参与互动、演练，在课堂上尽可能地说英语，激发学生的英语学习兴趣，提升口语技能。我们依据孩子的年龄特点，从三年级起设置循序渐进的课程，通过播放一系列与教学内容相关的英语短视频，开展英语演讲、英文唱歌比赛、模仿秀、趣配音等活动，为学生创设良好的口语交流机会和环境氛围，培养学生对英语的感知、模仿和表达能力，最终让孩子们流畅"慧"说英语。

（三）　慧读绘本

语言以文化为基础，学习英语就需要了解英语文化，增强学生对各国文化的理解，尊重文化差异，培养学生的人文精神，实现英语的人文性功能。我们把人教版教材进行延伸，补充了具有针对性的英文绘本分级读物。色彩艳丽、形象生动的图片既能够吸引孩子的注意力，也能帮助其理解故事主题，激发想象力。在学习的过程中，孩子们不仅能够拓展自身的知识经验，还能获得社会性的发展，丰富情感世界，激发学习动机，让学英语成为一种乐趣。"5I"教学中，教师将学生的心理特点与兴趣爱好相结合，充分激发学生的阅读热情，促进学生精彩"慧"读，使阅读能够真正成为学生语言能力的加油站。

（四）　慧笔成趣

英语学习包括语言输入和输出，而规范的书写和基础的写作则是学生进行语言输出的重要途径。写作是学生听、说、读三方面语言知识的综合运用，是一个漫长的过程。依据不同的年龄段，"5I"课程写作教学主要分为三个阶段。第一阶段进行字母和单词的书写训练；第二阶段逐步开始模仿性写作，通过仿写掌握必要的写作技巧；第三阶段的写作课程中，教师依据孩子的不同心理特征，开展有针对性的差异化教学，激发孩子的想象力和创造力，让孩子们妙笔"慧"写。

（五）慧寻文化

此部分是综合性学习，是对学生听、说、读、写的综合运用。"5I"课程将语言的学习融入到生活中，让孩子享受英语运用之乐，既能培养学生的学习兴趣，也可以提高其学习效率。我校利用中西方传统节日，开展相应的主题活动，如"美食节"、"服装秀"等，让学生在体验中学习中西方不同的文化，拓宽国际视野，树立民族文化自信心，增强综合人文素养。

二、"5I"英语课程设置

秉持着"让学习者爱上英语"的学科理念，除了基础课程之外，我校"5I"英语课程设置如下所示，见表3-2。

表3-2　合肥市侯店小学"5I"英语课程设置表

课程＼年级	慧心倾听	慧语惊人	慧读绘本	慧笔成趣	慧寻文化
三上	侧耳倾听	拼读入门	初识绘本	律动字母	探索世界
三下	儿歌串烧	拼读闯关	绘本花园	玩转单词	小旅行家
四上	妙音魔句	语出惊人	趣读绘本	单词闯关	美食达人
四下	大嘴英语	模仿秀	妙读绘本	仿写美句	礼仪达人
五上	美式学舌	趣配音	美文悦读	看图写句	多彩节日
五下	美音英韵	演说家	悦读悦美	书写达人	环球宝贝
六上	动画欣赏1	表演大咖1	绘我心梦1	绘词绘意1	畅游世界1
六下	动画欣赏2	表演大咖2	绘我心梦2	绘词绘意2	畅游世界1

第四节

爱上英语的
另一种色彩

  "5I"英语依据学生的年龄特征和多元化学习需求，在课堂教学的同时，还开展了丰富的英语学科活动，将英语学习与生活实践相结合，调动学生的学习兴趣，培养学生的独立、自主学习能力，激发其想象力和创造力，提高英语学科素养。本课程从构建"5I"英语课堂、开展"5I"英语竞赛、举办"5I"英语节、推进"5I"英语社团、开拓"5I"英语之旅五个方面践行"让学习者爱上英语"的课程理念。

一、构建"5I"课堂，提升英语课堂实施品质

  "5I"英语倡导创设语言环境，营造英语氛围，激发和培养学生英语学习兴趣，并通过创设多情景的智慧教学，培养学生独立、自主学习能力和创新能力，让学生感受到英语学习的趣味和魅力，最终爱上英语。"5I"课堂主要包括基本要求和评价要求两个方面。

（一）"5I"英语课堂的基本要求

  1. 智慧式教学（intelligence）。在小学英语混合式学习环境下，教师和学生之间，学生与学生之间形成有效的互动，充分发挥智慧课堂的作用。在课堂上，教师以"教"的智慧带动学生"学"的智慧，突出学生的主体地位，激发学生的积极性和主观能动性。设置儿歌串烧、妙音魔句、趣配音、表演大咖、环球宝贝等课程，加强师生和学生之间的互动，发挥学生的主体作用，提升学生的英语素养。

  2. 沉浸式教学（immersion）。"5I"课堂结合学生的兴趣、特长及年龄

特点，采用多种教学方式，营造活泼生动的课堂氛围，为学生学习英语创造真实有效的情境，开展多样化的"沉浸式教学"，鼓励学生积极地、创造性地用英语探索世界，让学生在有意义的语境中学习和运用，做到"词不离句，句不离境"。设置侧耳倾听、美音英韵、模仿秀、绘本花园等课程，让学生在有效的情境中学习英语。

3. 兴趣式教学（interest）。小学生正处在智力发展的关键阶段，对新鲜事物充满好奇，若能将英语变得生动有趣，引起小学生的兴趣，将极大地有助于学生学习，让学生积极地学习英语。当学生爱上英语后，学习将不再是一种负担，而自觉内化成一种学习行为。"5I"英语课程以激发学生的学习兴趣为支点，在充分挖掘教材的基础上，采用多种方式丰富课堂内容，如角色扮演、小游戏、卡片、趣配音等，培养学生的英语学习兴趣，激发学习热情。

4. 自主式教学（independence）。在英语教学中，只有充分发挥学生的主体性，以学生发展作为出发点，把学生的自主权还给学生，让学生在自主探究学习中学会学习，发展智力和完善人格，素质教育才能有效实施。"5I"英语构建了一种以学生的需要为主、教师引导为辅的课堂"自主"教学模式，具体可表述为教师引导兴趣、质疑和方法，学生自学探究、自寻目标和自主答疑。设置单词闯关、趣读绘本、绘我心梦和语出惊人等课程，让学生在探究学习中培养自主学习的能力。

5. 创新式教学（innovation）。学校英语教师积极通过更新教育观念，建立新型师生关系，创设民主、平等的学习氛围，增进师生间的感情，保护学生的好奇心、自信心，注重学生的个性发展，培养创造性思维。同时，教师灵活运用多媒体教学，丰富活动形式，为学生创造运用英语的环境，促进学生全面发展。

（二）"5I"英语课堂的评价要求

根据"5I"英语课堂的基本要求，我校设计了相应的评价细则，具体见表3-3。

表3-3　合肥市侯店小学"5I"英语课堂评价标准

评价项目	评价标准	评价等级		
		优	良	合格
教学目标	1. 目标明确，培养学生的综合语言运用能力。			
	2. 重点突出，要求具体，符合课程标准和教学实际。			
	3. 情感教学融入教学中。			

评价项目	评价标准	评价等级		
		优	良	合格
教师教学过程	1. 面向全体学生，兼顾个体差异，注意因材施教。			
	2. 关注学生情感，营造宽松、民主的教学氛围，培养创造性思维。			
	3. 注重主体参与、教学中互动模式多样、运用自主式教学。			
	4. 开展智慧式教学，设置有效情境，创造浸入式的语言环境，激发学生英语学习兴趣。			
	5. 课堂思路清晰，结构合理；教学反馈和矫正及时；体现循序渐进，符合外语教学规律。			
学生学习过程	1. 学生积极参与，思维活跃，兴趣浓厚。			
	2. 师生、学生之间充分互动，学生学会合作学习。			
	3. 在自主学习的时间，体现自主、探究式的学习过程。			
	4. 会独立思考，主动提问题，有独到见解。			
	5. 能创造性地运用所学知识、技能解决新问题。			
教学效果	1. 时间利用有效，完成教学任务，达到预期目标。			
	2. 学生均有收获，教学氛围宽松和谐，体现教育性、科学性和趣味性的统一。			
	3. 教学方法和教学效果有创造性。			
总评				

二、开展"5I"英语竞赛，展示学生风采

英语竞赛不仅为"教"提供了一个展示和交流的平台，也为"学"搭建了一个学以致用的实践舞台。孩子们通过参加形式多样的竞赛夯实英语基础知识与技能，强化英语综合应用能力。"5I"英语依据不同阶段孩子的英语发展水平制定了相应的比赛活动，如单词书写，英文演讲等，展示学生风采。

（一）"5I"英语竞赛的实施和操作

为激发学生学习英语的兴趣，加强英语的学习和交流，营造良好的英语学习氛围，我校开展了丰富多彩的竞赛活动，给孩子们提供一个展现自我、提升自我的机会和舞台，具体竞赛项目安排见表3-4。

表3-4　合肥市侯店小学"5I"英语竞赛安排表

时间	地点	参加人员	竞赛内容
9月	多功能教室	3年级学生	单词拼写
10月		4年级学生	句子书写
11月		5年级学生	语篇书写
12月		6年级学生	小小作家
3月	音乐教室	3年级学生	儿歌串烧
4月		4年级学生	听力达人
5月		5年级学生	课本剧表演
6月		6年级学生	短剧表演

（二）"5I"英语竞赛评价标准

为了让学生通过竞赛式展现自我的活动，激发学习英语的热情，提升自我效能感，综合发展语言运用能力，我校设计了"5I"英语竞赛评价表（表3-5）。

表3-5　合肥市侯店小学"5I"英语竞赛评价细目表

评价项目	评 价 标 准	评价等级		
		优	良好	合格
单词拼写	卷面整洁、美观、书写规范。			
句子书写	用词准确、无明显语法错误。			
语篇书写	语句通顺、语法正确。			
小小作家	结构明确、条理清楚。			
儿歌串烧	发音标准、语调自然。			
听力达人	反应迅速、用词准确。			
课本剧表演	紧扣主题、充实生动、积极向上。			
短剧表演	表达生动、体态语言和表演技巧运用贴切。			

三、设立"5I"英语节，激发学生英语学习兴趣

为了展现"5I"英语教学特色，给学生搭建更好的展示英语才华的平台，增强学生开口说英语的自信和能力，我校开展了"5I"英语节，让学生

在轻松愉快的活动中感受、运用和享受英语；让学生在活动中找到自信；让学生爱上英语。

（一）"5I"英语节的实践操作

"5I"英语节依据不同年段学生的认知特点和学情状况，设计了形式多样、内容丰富的英语实践类活动，具体内容见表3-6。

表3-6　合肥市侯店小学"5I"英语节活动安排表

年级	活动项目	形式
三年级	趣味字母书写	班级内先组织比赛后，每班选出5名学生作品参加年级评比。
四、五年级	英语单词卡片秀	班级内先组织比赛后，每班选出5名学生作品参加校级评比。
三至五年级	英语手抄报	班级内先组织比赛后，每班选出3名学生作品参加校级评比。
五、六年级	我是词霸	以班级为一个竞赛组，每组由5人组成，其中2人根据大屏幕所给单词做动作，3人猜词汇，按照得分高低参加年级评比。
三至六年级	才艺大比拼	学生自选内容，表演英文歌舞、歌谣或者英文朗诵，各班级内评出前三名参加校级评比。
五、六年级	英语配音秀	班级内先组织比赛后，每班3人参加校级评比。

（二）"5I"英语节的评价要求

"5I"英语节为学生营造了浓厚的英语学习氛围，我们依据学生参与各项活动中创造性运用英语的表现情况设计了评价标准，具体见表3-7。

表3-7　合肥市侯店小学"5I"英语节活动评价标准

评价项目	评 价 标 准	评价等级		
		优	良	合格
趣味字母书写	书写工整、规范、无错误，卷面整洁。			
英语单词卡片秀	美观别致、图文并茂。			
	单词书写工整、规范、无错误。			
英语手抄报	设计精美、色彩搭配合理、图文比例合适。			
	主题明确、内容创新。			
	英文书写规范、无错误。			

评价项目	评价标准	评价等级		
		优	良	合格
我是词霸	能根据所给单词迅速做出正确反应。			
	语音清晰、动作到位。			
才艺大比拼	自然、放松、自信。			
	语音、语调清晰准确。			
	音美、音准。			
英语配音秀	语音、语调清晰准确，动作有创意，表情到位，结构完整。			

四、建立"5I"英语社团，享受英语学习的快乐

为了满足学生对英语学习的个性化需求，提升学生的学科综合素养，我校成立了"5I"英语社团，让学生在综合运用中充分展示英语才华。

（一）"5I"英语社团内容及实施

社团主要活动有英语口语表达、英语视听、英语游戏、英语歌曲、英语手抄报设计等。针对不同年段的学生，我校设计了相应的课程，让学生自主选课，充分体现了学生的主体性。课程开设时间为每周三下午第二节课，具体安排见表3-8。

表3-8 合肥市侯店小学"5I"英语社团安排表

时间	地点	参加人员	社团名称
周三下午第二节课	白板教室	三年级学生	韵律英语
	录播教室	四年级学生	动漫英语
	五（1）班	五年级学生	绘本花园
	六（1）班	六年级学生	超级演说家

（二）"5I"英语社团评价

"5I"英语社团给学生提供了选择性强、开放式的学习平台，为了检验学校效果，我们从情感态度、小组合作、自主学习、特色创新和活动成果五个方面对社员进行评价，具体内容见表3-9。

表 3 - 9　合肥市侯店小学"5I"英语社团评价表

评价内容	评价标准	评价等级					
		自评			师评		
		优	良	合格	优	良	合格
情感态度	对活动内容感兴趣，学习态度端正，积极参与，勤学好问。						
小组合作	能互相帮助，协调小组成员，完成合作任务。						
自主学习	明确学习任务、目标，勤于思考，能主动发现并提出问题。						
特色创新	乐于接受新事物，善于质疑，勤于探索。						
活动成果	能完成预期目标，积极参与社团成果展示交流。						

五、开启"5I"英语探索之旅，拓宽文化视野

美国教育家毕特指出："生活的世界就是教育的世界，生活的范围就是课程的范围"。小学英语生活化教学至关重要，它是联系学生学习和生活的桥梁，对提高学生的英语综合素质有着深远的意义。"5I"英语探索之旅将英语教学"生活化"，把英语课堂拓展到现实生活中，为学生创设真实的语言环境，通过体验式学习，激发学生的学习兴趣，发展自主学习的能力和创新精神，将学习的语言知识运用到生活，使语言得以最大化地发挥其功能。

（一）"5I"英语探索之旅的实践操作

"5I"英语探索之旅，教学内容生活化。我们结合小学生的心理发展特征和学习实际，选取的语言材料贴近学生生活，有趣生动，如打招呼、食物、家庭成员、时间、数字等。

"5I"英语探索之旅，教学过程生活化。我们鼓励学生从生活点滴中收集英语，如生活中的标识牌上 pull, push, entrance, exit 等，商品上的 juice, water 等，让学生从观察中领悟英语，理解英语，培养学生独立自主学习能力。

"5I"英语探索之旅，作业设计生活化。作为课堂的延伸，我们设计了

精彩有趣的课外作业，让英语融入生活。如鼓励学生给在国外的亲人或笔友写信；看原版动画，并与同学用英语点评等。

结合以上，我们设置了"5I"英语探索之旅课程，见表3-10。

表3-10　合肥市侯店小学"5I"英语探索之旅课程设置表

时间	地点	实施年级	课程名称
3月	永辉超市	三年级学生	拼读闯关
4月	四季花海	五年级学生	美文悦读
5月	动物园	四年级学生	模仿秀
6月	电影院	六年级学生	动画欣赏
9月	新华书店	六年级学生	绘我心梦
10月	必胜客	四年级学生	美食达人
11月	电影院	五年级学生	趣配音
12月	名人馆	三年级学生	探索世界

（二）"5I"英语探索之旅的评价要求

"5I"英语探索之旅从活动准备、活动方式、活动过程和活动效果四个方面进行评价。评价细则见表3-11。

表3-11　合肥市侯店小学"5I"英语探索之旅评价表

评价项目	评价标准	评价等级		
		优	良	合格
活动准备	开展安全教育、文明旅游教育、文化教育。			
	查阅、收集相关材料，制定具体计划。			
活动方式	走出校园实践感悟。			
	具体组织形式得当。			
活动过程	组织有序、层次分明。			
	引入多种信息、运用英语表达。			
	贴近学生、贴近生活。			
	学生感兴趣、积极参加。			
活动效果	体现育人目标。			
	提高学生学科素质。			
	培养学生自主性、创造性。			

"5I"英语课程满足学生个性化的学习需求，利用智慧教学，整合资源、创设情境，让学生沉浸在课程中用英语去探索世界，开拓视野，感受多元文化的趣味和魅力，形成良好的品格和正确的人生观与价值观，提高综合人文素养。

（撰稿人： 裴文云　赵晶）

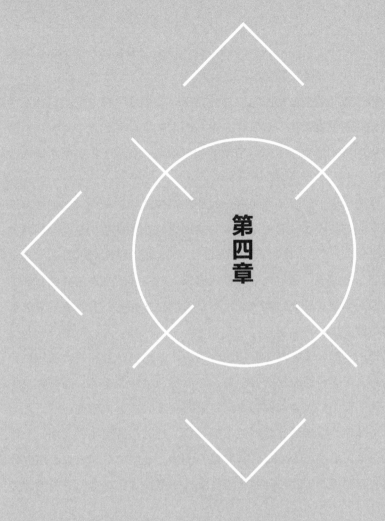

第四章

把课程内容放在坐标系里考察，审视知识间的关系，我们会受到诸多启发。在教与学的过程中实现知识跨界，寻求怎样教才能学得更好的答案；在个体自由与时代发展中实现知识跨界，让个体的自然成长顺应时代发展的节律；在阶段与整体的关联中实现知识跨界，其关键是将课程整体划为阶段时的合理与科学以及课程阶段之间的连续与一致；在自然科学与社会科学的关联中实现知识跨界，引导儿童发现学科之间的规律并对其进行研究。

知识跨界：
学科课程的坐标意识

知识是人类从各个途径中获得的经过提升总结与凝练的系统的认识。知识也可以看成构成人类智慧的最根本的因素。

学校与教师将儿童放在知识习得与社会大环境中成长形成的坐标体系中的哲学思考，有利于将课程内容研究的视角引向知识跨界的效度；学校与教师在学科课程内容的建构与实施中自觉的坐标意识，有利于扩展学科课程的边界。

在教与学的过程中实现知识跨界。教的知识变成学的知识，知识就实现了从教师向学生的跨界。教的知识与学的知识之间存在多重关系，包括教的知识大于学的知识，教的知识等于学的知识，教的知识小于学的知识。"青出于蓝而胜于蓝"的效果，是教与学的永恒追求。教与学的知识跨界给我们的启示是，知识的学习从来都是双向的，不是教的越多越好，而是要寻求怎样教才能学得更好。

在个体自由与时代发展中实现知识跨界。儿童适应社会和时代的知识习得或意识培育，是学科课程的重要任务。个体是社会中的个体，而非真空中的个体。个体知识中个人与家庭的烙印，只有同社会核心价值适应时，才会更有价值。个体自由应该是社会规范下的自由，是时代发展中的自由。个体是时代中的个体，是动态的个体而非静止的个体。个体的自然成长顺应时代发展的节律，与时代进步同呼吸共命运，成长的路途才会平坦，成长的速度才会加快。

在阶段与整体的关联中实现知识跨界。儿童在小学阶段的六年时光，知识的习得既有阶段性也有整体性；每个学科课程的知识，既有阶段性也有整体性；儿童学习品质的发展既有阶段性也有整体性。将阶段性与整体性的关联，投射在坐标体系中审视，学校与教师能清晰地看到两者之间的关联，会发现诸多角度的启示。阶段知识完美跨界成为整体知识，一时的良好态度成功跨界为可持续发展的内在品质，其关键是课程整体划为阶段时的合理与科学以及课程阶段之间的连续与一致。

在自然科学与社会科学的关联中实现知识跨界。两类研究对象不同，但都在探究规律。将其放在直角坐标系中观察，自然科学的规律与社会科学的规律之间的连接，会因两者之间的此消彼长而在不同象限内产生相应的变化，新的内容科学内容层出不穷，比如环境科学、空间科学、思维科学、行为科学等。小学学科课程中的自然科学与社会科学之间，如果将其放在坐标系中也能看到很多有趣的跨界现象，比如对有规律的排列的研究，儿童会基于数学的规律排列的基本概念，发现其在语文、美术、音乐中的完美应用。爱因斯坦不但是一位伟大的科学家，而且还是一位出色的小提琴家，是自然科学与社会科学知识跨界的典范。教育工作者的功能在于指导学生发现学科之间的规律并对其进行研究，发现边界突破边界，实现知识的跨界。

"DREAM ENGLISH：梦想英语"认为语言技能的形成可以促进其他学科的学习；学习策略的形成有助于习得自主学习的能力；文化意识的形成有助于形成文化自信，拓展国际视野；对学科融合的理解，积极的学习态度、稳定的学习动机，可以树立自信心，养成和谐和健康向上的品格。

"DREAM ENGLISH：梦想英语"

合肥市习友路小学成立于 2014 年，目前学校英语组共有专职英语教师 15 人，其中一级教师 4 人，二级教师 3 人。学校重视学生各学科融合发展，重视英语教学对其他学科的助力，重视培养全面发展的高素质学生，因此从一到六年级均开设有英语课。学校依据中共中央、国务院《关于深化教育教学改革全面提高义务教育质量的意见》，教育部《关于深化课程改革，落实立德树人根本任务的意见》、《义务教育英语课程标准（2011 版）》（以下简称《课标》）等文件精神，促进英语学科群的建设与实施。

第一节

乘着梦想英语的翅膀

一、学科价值观

《课标》指出，义务教育阶段的英语课程具有工具性和人文性双重性质。从工具性的角度看，英语课程承担着培养学生基本英语素养和发展学生思维能力的任务。学生通过英语课程掌握基本的英语语言知识，发展基本的英语听、说、读、写技能，初步形成用英语与他人交流的能力，进一步促进思维能力的发展，为今后继续学习英语和用英语学习其他相关科学文化知识奠定基础。从人文性的角度看，英语课程承担着提高学生综合人文素养的任务。即学生通过英语课程能够开阔视野，丰富生活经历，形成跨文化意识，增强爱国主义精神，发展创新能力，形成良好的品格和正确的人生观与价值观。工具性与人文性统一的英语课程有利于奠定学生终身学习、终身发展的基础。

基于对上述观点的理解与实践，我校将英语课程的价值观确立为，让梦想丰满童年羽翼，向着更高更远的理想飞翔。

二、学科课程理念

英语课程学习既是提高语言能力的过程，又是拓展学生视野、丰富生活经历、发展个性和培养人文素养的过程。在新课标、学校跨学科融合课程理念指导下，我校确定了英语课程理念为"重视英语教学对学生其他学科的助力，让学生能够乘着梦想的翅膀飞跃七彩童年"。据此，建立了"DREAM ENGLISH：梦想英语"课程。

D-Delight the process of learning language skill（点亮语言技能学习的过程）： 语言技能是构成语言交际能力的重要组成部分。"DREAM ENGLISH"中语言技能的形成可以促进其他学科的学习，体现语言的工具性。

R-Renovate students' language knowledge（更新学生的语言知识）： 知识是语言能力的有机组成部分，是发展语言技能的重要基础。"DREAM ENGLISH"提倡更新学生语言知识，在学习英语过程中增加和渗透跨学科融合的知识。

E-Effect students' learning strategy（促进学生改变学习策略）： 学习策略指学生为了有效地学习和发展而采取的各种行动和步骤。学习策略是灵活多样的，策略的使用因人、因时、因事而异。"DREAM ENGLISH"强调教师要有意识地帮助学生形成适合自己的学习策略，并具有不断调整自己的学习策略的能力。

A-Activate students' cultural awareness（培养学生的文化意识）： 语言有丰富的文化内涵。文化是指所学语言国家的历史地理、风土人情、传统习俗、生活方式、文学艺术、行为规范、价值观念等，这里是最能体现"DREAM ENGLISH"课程学科融合的部分。

M-Motivate students' learning emotion（激发学生的情感态度）： 保持积极的学习态度是英语学习成功的关键。教师应在教学中不断激发并强化学生的学习兴趣，引导他们逐渐将兴趣转化为稳定的学习动机，以使他们树立自信心，锻炼克服困难的意志，认识自己学习的优势与不足，乐于与他人合作，养成和谐与健康向上的品格。

"DREAM ENGLISH： 梦想英语"课程建设旨在引导学生更加热爱祖国，初步具备国际视野。

第二节

梦想英语点亮生命前程

《课标》指出，义务教育阶段英语课程的总目标是：通过英语学习使学生形成初步的综合语言运用能力，促进心智发展，提高综合人文素养。

一、学科课程总体目标

基于对《课标》中课程目标的认识与理解，结合学校"助力学生乘着梦想的翅膀飞跃七彩童年"的教育理念，我们设定"DREAM ENGLISH"课程总目标为：激发学生学习动机，点亮学习过程，尊重学生个性发展，提高学习效率，培养全球视野，开发学生生命潜能，提升生命质量，助力学生终身发展。具体包括语言技能、语言知识、学习策略、文化意识、情感态度几方面。

（一）语言技能 D（点亮学生语言技能）

语言技能是构成语言交际能力的重要组成部分。语言技能包括听、说、读、写四个方面的技能以及这四种技能的综合运用能力。学校开展多项活动，使学生能够在多种形式的学习中愉悦地提升语言听说读写的技能，例如：我说你做，鹦鹉学舌，超级模仿，书写达人等，充分体现出"DREAM ENGLISH"课程理念中的 D—Delight。

（二）语言知识 R（更新学生语言知识）

语言知识学习者在小学阶段应该学习和掌握的英语语言基础知识包括语音、词汇、语法以及用于表达常见话题和功能的语言形式。"DREAM ENGLISH"课程中的 R—Renovate 理念就是帮助学生激发学习英语的积极性，产生获取英语语言知识的动机。

（三）学习策略 E（促进学生改变学习策略）

"DREAM ENGLISH"强调教师要有意识地帮助学生形成适合自己的学习策略，并具有不断调整自己的学习策略的能力。在英语课程实施中，帮助学生有效地使用学习策略，不仅有利于他们把握学习的方向、采用科学的途径、提高学习效率，而且还有助于他们形成自主学习的能力，为其他学科学习奠定基础。

（四）文化意识 A（培养学生的文化意识）

语言学习与文化意识的形成是相辅相成的。语言有丰富的文化内涵。文化是指所学语言国家的历史地理、风土人情、传统习俗、生活方式、文学艺术、行为规范、价值观念等。"DREAM ENGLISH"课程特别强调在英语教学中利用文化意识的渗透，自然有效地将多学科知识融合在一起，为学生的综合素质发展打下良好的基础。

（五）情感态度 M（激发学生的情感态度）

情感态度这里指的是保持学习者积极的学习态度，也是英语学习成功的关键。教师应了解学生兴趣所在，尊重学生个体的差异性，在"DREAM ENGLISH"课程中以不同形式的活动和内容引起学生学习兴趣，并尽可能让全体学生参与其中。在"DREAM ENGLISH"课程学习中，学生能够感觉到自己的个性被尊重，同时乐于感知并积极尝试使用英语，积极参与各种学习活动。

二、学科课程年段目标

依据英语课程目标中对语言技能、语言知识、学习策略、文化意识和情感态度等五个方面的要求及学生的年龄特点，我们设置了具有系统性、发展性、梯度性的"DREAM ENGLISH"课程具体目标，希望通过英语课程学习，来实现对学生语言综合运用能力的培养。这里，以四年级为例，具体内容见表 4-1。

表 4-1　合肥市习友路小学英语"DREAM ENGLISH"课程学段目标

年级	单元	上学期	下学期
四年级	第一单元	**基础目标** 1. 能够听、说、认读句型：What's in the classroom? Let's go and see! Where is it? It's near the window. Let's clean the classroom. Let me clean the teacher's desk. 2. 能够在情景中运用句型 Where is …? It's in/on/under/near the …. 询问并回答物品的位置。 3. 能够在情景中运用句型 Let's … Let me … 提出行动建议；能够按意群朗读 Where is the green book? It is under the teacher's desk. 等四组句子。 4. 能够听、说、认读单词：classroom window, blackboard, light, picture, door, teachers desk, computer, fan, wall, floor。 5. 能够正确使用上述单词描述教室里的物品、设施；能够在有意义的语境中抄写上述话题词汇。 6. 能够掌握 a-e 的发音规则，即 a-e 在单词中发长音；能够读出符合 a-e 发音规则的单词；并能根据发音拼写出符合 a-e 发音规则的单词。 7. 学习礼貌言行，能够对请求、道歉等行为做出恰当反应；具有讲卫生、爱整洁的意识。 **拓展目标** 1. 通过动画了解更多常见方位词，例如 behind, in front of 等。 2. 能够理解与话题相关、难度相应的绘本。	**基础目标** 1. 能够听、说、认读句型：It's on the second floor. Is this the teachers' office? No, it isn't. The teachers' office is next to the library. Is that the computer room? No, it isn't. Do you have a library? Yes, we do. 2. 能够在情景中运用句型 Where is … It's on the first/second floor. 询问方位并回答。 3. 能够在情景中运用句型 Is this/that … Yes, it is. /No, it isn't. 询问近处或远处的事物并回答。 4. 能够在情景中运用句型 Do you have a … 询问对方是否拥有某事物；能够按照意群朗读短文、理解短文内容并完成句子仿写活动。 5. 能听、说、认读单词或词组：library, teachers' office, computer room, music room, art room, playground, first floor, second floor。 6. 能够正确使用上述单词描述教室里的物品、设施，能够正确利用上述单词或词组描述学校教室、场馆及其大致位置。 7. 能够掌握字母组合 er 的发音规则，即在单词中发短音；能够读出符合 er 发音规则的单词；并能根据发音拼写出符合 er 发音规则的单词。 **拓展目标** 1. 利用最强大脑活动，引导学生在对话中获取线索画出一所学校的简图。培养学生的方位感和集中的注意力。 2. 能够到了陌生的环境不慌忙，有条理地观察和认识一个新场所，培养学生以最快的速度熟悉和适应一个新地点。

年级单元	上学期	下学期
第二单元	**基础目标** 1. 能够听、说、认读句型：What's in your schoolbag? An English book ... What color is it? It's ... 能够在情景中运用句型 What's in your ...?询问并回答某处有什么物品;能够在情景中运用句型 What color is it? It's ... 询问并回答物品的颜色;能够按意群朗读 I have two story-books, three keys, some candies ... 等句子。 2. 能够听、说、认读单词：school-bag, math book, English book, Chinese book, key storybook, candy, notebook, toy,能够正确使用上述单词描述书包里的物品。能够在有意义的语境中抄写上述话题词汇。 3. 能够掌握 i-e 的发音规则,即 i-e 在单词中发长音;能够读出符合 i-e 发音规则的单词;并能根据发音拼写出符合 i-e 发音规则的单词。 4. 学习教科书名称时,使学生了解教科书的重要性,要求他们爱护书本,了解 Hope School（希望学校）, Lost & Found（失物招领）的意思。 5. 能够根据 e 的发音规则读单词,并能够根据 i 与 i-e 的发音规则拼写单词。 **拓展目标** 1. 能够与他人分享介绍自己的文具用品,并互相探讨学习如何做好文具、书籍的归纳和整理。 2. 了解美国小学的教室布置以及学校生活中的良好行为习惯。 3. 能够通过技巧掌握所学单词。	**基础目标** 1. 能够听、说、认读句型：What time is it? It's 9 o'clock. It's time for English class. It's time to go to school. 能够在情景中运用句型 What time is it? It's ... 询问时间并回答;能够在情景中运用句型 It's time to ... /for ... 来描述即将要做的事情;能够按照意群朗读短文、理解短文内容并完成句子仿写活动。 2. 能够听、说、认读单词、词组和短语：music class, PE class, English class, lunch, breakfast, dinner, get up, go to school, go home, go to bed;能够正确使用上述单词和短语描述自己的日常活动。 3. 能够掌握字母组合 ir, ur 的发音规则,能够读出符合 ir, ur 发音的单词;并能根据发音拼写出符合 ir, ur 发音规则的单词。 4. 培养学生严格的时间观念,养成守时守纪的好习惯;了解地球上不同时区在同一时刻的时间是不同的;注重合作学习与实践活动,培养心灵手巧的学生。 **拓展目标** 1. 培养正确书写所学词汇和句子的能力,能制作适合自己并且合理的课程表和日程安排表。 2. 安排自己的生活时,能注重体育运动,明白健康身体的重要性。

年级单元	上学期	下学期
第三单元	**基础目标** 1. 能够听、说、认读句型：What's his name? His name is Zhang Peng. He's tall and strong. Who's he? He has glasses and his shoes are blue. 能在情景中运用句型 What's his/her name? His/Her name is … Who's he/she? He/she is … 询问他人的姓名或身份，并能回答；能够在情景中运用句型 He's/She's … He/She has … 描述人物的性格和外貌特征；能够按意群朗读 He has short hair. He has a big green bag. What is his name?等四组句子。 2. 能够听、说、认读单词：strong, quiet, friendly, hair, shoe, glasses 能够正确使用上述单词描述人物的性格或外貌特征。 3. 能够掌握 o-e 的发音规则，即 o-e 在单词中发长音；能够读出符合 o-e 发音规则的单词；并能根据发音拼写出符合 o-e 发音规则的单词。 4. 能够了解外貌描述中的文化禁忌，如：不要对同学长得胖或戴眼镜等特征使用歧视性语言。 **拓展目标** 1. 正确认识自己，认识朋友。正确理解外貌和品质之间的关系，培养良好、积极向上的择友观念。 2. 你来我往，了解朋友相处之道。	**基础目标** 1. 能够听、说、认读句型：Can I go outside now? No, you can't. Can I have some soup? Yes, you can. What's the weather like in New York? It's rainy. Is it cold? No, it isn't. 2. 能够在情景中运用句型 Can I go outside now? Yes, you can. /you can't. What's the weather like in …? It's … 询问他人意见、天气情况并能进行回答。 3. 能够在情景中运用句型 It's … and … 和 It's … in … 描述气候特征和天气情况；能够按照意群朗读短文、理解短文内容并完成句子仿写活动；能够听、说、认读单词：cold, hot, warm rainy, snowy, cloudy, sunny windy；能够正确使用上述单词描述气候特征和天气情况。 4. 能够掌握字母组合 ar/al 的发音规则；能够读出符合 ar/al 发音规则的单词；并能根据发音拼写出符合 ar/al 发音规则的单词。 5. 关心日常天气变化，能够对气候特点和天气情况进行描述并能及时提醒家人、朋友根据天气变化更换衣服；能够了解气温描述中的文化差异，了解华氏及摄氏温度的概念；了解世界主要城市的天气差异和谈论天气所具有的寒暄功能。 **拓展目标** 1. 能够阅读与天气话题相关绘本，理解不同地域的气候对人们生活带来的影响，同时培养敬畏大自然、顺应大自然之心。 2. 能够识别天气预报中的天气标识，听懂天气预报，并互相分享探讨面对不同的天气应该做出的反应。

年级单元	上学期	下学期
第四单元	**基础目标** 1. 能够听、说、认读句型：Where is she? She's in the kitchen. Open the door please. Look! They're in the door。 2. 能够在情景中运用句型 Is she in the ...? Yes, she is. /she isn't. Where are the ...? Are they in ...? Yes, they are ... /they aren't. 询问物品、人物的位置并做出相应判断。 3. 能够在情景中运用句型 Open the door, please. 提出行动建议。 4. 能够听、说、认读单词：bedroom, living room, study, kitchen, bathroom, bed, sofa, phone, table, fridge。 5. 能够掌握 u-e 的发音规则，即 u-e 在单词中发长音；能够读出符合 u-e 发音规则的单词；并能够根据发音拼写出符合 u-e 发音规则的单词。 **拓展目标** 1. 了解西方国家住房的一般结构，简单了解他们平时生活中的文娱活动。 2. 拓展游戏帮助掌握单词以及句型表达，如找不同等。 3. 鼓励学生设计自己的理想住所，对自己的未来居所简单地布置和设计，引导对未来生活的美好向往之心。	**基础目标** 1. 能够听、说、认读句型 Are these carrots? Yes, they are. / No, they aren't. What are these/those? They're tomatoes/sheep. How many horses do you have? Seventeen. 能够在情景中运用句型 What are these/those? They're .... 询问并回答各种蔬菜或动物的名称；能够在情景中运用句 They are so big/long/cute. 描述物品特点。 2. 能够按意群朗读介绍农场上蔬菜和动物的短文。 3. 能够听、说、认读单词：tomato, green bean, potato, carrot, cow, hen, sheep, horse 及其复数形式。 4. 能够正确使用上述单词和 these/those 介绍各种农场动物及蔬菜。 5. 能够掌握字母组合 or 的发音规则；能够读出符合 or 发音规则的单词；能根据读音拼写符合 or 发音规则的单词；能够填充短语或句子，做到书写规范。 **拓展目标** 1. 认识生活中常见蔬菜，了解农场动物和蔬菜的重要性与营养价值。能够不挑食，保证日常饮食的两种营养摄入的均衡。 2. 通过缤纷 party 的形式对中西方农场动物和蔬菜认识进行比较，了解差异，拓宽视野。

年级单元	上学期	下学期
第五单元	**基础目标** 1. 听、说、认读句型：What's for dinner? What would you like（for …）? I'd like some … please. Would you like …? No, thanks. I can use … 能够在情景中运用句型 What would you like（for …）? I'd like 征求并表达用餐意愿；能够在情景中运用句型 Help yourself. Would you like …? Yes, please! /No, thanks. I can use … 提出用餐建议和餐具使用建议，并恰当回应；能够在情景中运用句型 What's for dinner? 询问用餐的食物；能够按意群朗读 What would you like for dinner, John? I'd like some beef, please. 等三组句子。 2. 能够听、说、认读单词：beef, chicken, noodles, soup, spoon, knife, vegetable, chopstick bowl, fork; 能够正确使用上述单词表达用餐意愿和餐具使用情况。 3. 能够掌握 e 的发音规则；能够读出符合发音规则的单词；并能够根据发音拼写出符合发音-e 规则的单词。 4. 了解用餐礼仪，能够对用餐建议做出恰当反应；初步了解中西方餐饮文化的差异。 **拓展目标** 1. 简单了解西餐中的刀叉、甜点和沙拉等，联系实际生活，鼓励学生分享自己吃西餐的经验和感受。初步感知中西方文化的差异，逐步提高学生跨文化交际的能力。 2. 利用滚雪球游戏帮助学生提高听说食物单词，并训练学生的注意力和记忆力。	**基础目标** 1. 能够听、说、认读句型：Are these yours? Yes, they are. No, they aren't. Is this John's? Yes, it is. /No, it isn't. It's Mike's. They're Chen Jie's. Whose coat is this? It's mine. Whose pants are those? They're your father's. 2. 能在情景中当运用句型 It's Mike's. They're Chen Jie's. 表述物品的主人。 3. 能够在情景中运用句型 Whose coat is this? It's mine. Whose pants are those? They're your father's. These are … This is … . 4. 能够听、说、认读衣物类单词：clothes, hat, skirt, pants, shirt, jacket, sweater, dress, coat shorts, socks。 5. 能够掌握字母组合-le 的发音规则；能够读出符合 l 发音规则的单词，并能根据读音拼写符合-le 发音规则的单词；能够填充短语或句子，做到书写规范。 **拓展目标** 1. 能够初步了解不同场合的衣着。对中西衣着不同有初步感知。 2. 能够正确书写，规范书写的同时加上自己的创意，例如可以配简笔画，制作思维导图呈现书写单词等。 3. 建立朴素大方的审美观，养成及时整理个人物品的习惯。

年级单元	上学期	下学期
第六单元	**基础目标** 1. 能够听、说、认读句型：How many people are there in your family? Three. Is this your uncle? Yes, it is. He's a football player. What's your aunt's job? She's a nurse. 2. 能够在情景中运用句型 How many people are there in your family?询问并回答家中有几位家庭成员；能够在情景中恰当运用句型：My family has six people. That's only five. 3. 能够在情景中运用句型 Is this your...? Yes, it is. What's your...'s job? He's/She's a...询问并回答与说话方的亲属关系及其职业情况。 4. 能够按照意群朗读 Read and write 文段中的核心句型。 5. 能够听、说、认读单词：parents, cousin, uncle, aunt, baby brother, doctor, cook, driver, farmer, nurse。 6. 能够掌握 a-e, i-e, o-e, u-e, -e 在单词中的长音发音规则；能够对比掌握 a, e, i, o, u 的长、短音发音规则；能够根据发音规则正确读出生词，并能够按照示范例词的提示，从歌谣中找出符合 a, e, i, o, u 长、短音发音规则的单词。 **拓展目标** 1. 培养学生形成正确的家庭观念。对比中美家庭观念的不同，帮助孩子更加清醒地认识自己所在家庭的观念和模式，并学会热爱自己的家人，欣赏自己的家庭。 2. 培养正确的家庭社交习惯，乐于接受别人的称赞，学会尊重家人间的隐私。 3. 初步了解中西方家庭文化娱乐活动的差异。	**基础目标** 1. 能够听、说、认读句型：Can I help you? Yes. These shoes are nice. Can I try them on? Size 6, please. They're too small. How do you like this skirt? It's very pretty. How much is this skirt? It's $89. 能够在情景中运用句型 Can I try ... on? Size ..., please. 请求试穿某件衣物并告之尺码；能够在情景中运用句型 How do you like ...?询问对某商品的意见；能够在情景中运用句型 How much is ...? It's ... 问答某商品的价格；能够在情景中运用句型 It's very too ... They're very too ... 描述某物品；能够按意群朗读促销广告中的句子，书写句型：They're very too ... 能够在有意义的语境中仿写句子 They are very ... They are too ... 2. 能够听、说、认读单词：gloves, scarf, umbrella, sunglasses, pretty, expensive, cheap, nice;能够正确使用上述单词介绍衣着并描述价格;能够在有意义的语境中抄写上述话题词汇。 3. 复习 er, ir, al, or, ur, ar, -le 的发音规则；能够读出符合上述发音规则的单词，并能根据读音拼写出符合上述发音规则的单词。能够填充短语或句子，做到书写规范。 4. 能以得体的方式与人交流；了解衣服大、中、小号的英文表达以及主要英语国家的货币名称及符号。 **拓展目标** 1. 能够简单认识中西货币之间的价值差异，了解简单的衣服尺码，尝试自己在模拟的衣服商店里能够询价并购买物品。 2. 阅读话题相关文章，树立正确的理财观念。

第三节

童年在 DREAM 课程中飞跃

一、"DREAM ENGLISH" 课程框架

依据国家课程标准以及我校特色英语学科课程建设目标，为更好地将英语学科与不同学科之间进行有效地融合，助力学生在课程中成长飞跃，"DREAM ENGLISH" 课程分为 D、R、E、A、M 五个板块的内容，详见图 4-1。

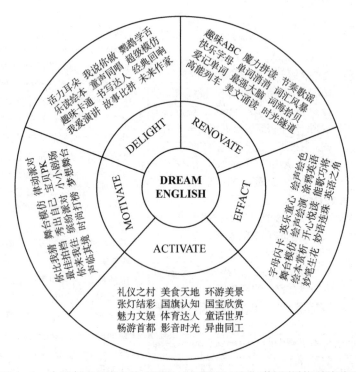

图 4-1 合肥市习友路小学 "DREAM ENGLISH" 英语学科课程框架图

上图中包含的五个课程，具体如下：

D 课程主要培养学生的语言技能，主要包括听做、说唱、玩演、读写、视听以及这些技能的综合运用。

R 课程里包含语言基础知识，包括语音、词汇、语法以及用于表达常见话题和功能的语言形式等。

E 课程包含各种学习英语的途径，提供学习方法，以及更多的交际机会，利用多媒体提供各种资源供学生学习和运用。

A 课程主要涉及外语教学中的文化，国家的历史地理、风土人情、传统习俗、生活方式、行为规范、文学艺术、价值观念等。

M 课程激发并强化学生的学习兴趣，将兴趣转化为学习动机，以树立他们的自信心，培养克服困难的意志，乐于合作的精神。

二、"DREAM ENGLISH" 课程设置

学校遵循英语教育教学要求和学生认知的发展及成长规律，根据课程框架设置了 DREAM ENGLISH 英语学科课程（具体内容见表 4-2）。

表 4-2　合肥市习友路小学英语 "DREAM ENGLISH" 学科课程设置表

课程类别 学年		D 课程	R 课程	E 课程	A 课程	M 课程
一年级	上	活力耳朵	趣味 ABC	字母闪卡	礼仪之村	你比我猜
	下	我说你做	魔力拼读	英乐童心	美食天地	舞台模仿
二年级	上	鹦鹉学舌	节奏歌谣	绘声绘色	环游美景	律动派对
	下	乐读绘本	快乐字母	舞台模仿	张灯结彩	最佳拍档
三年级	上	童声同唱	单词消消	绘声绘演	国旗认知	秀出自己
	下	超级模仿	词汇风暴	涂鸦英语	国宝欣赏	宝贝 PK
四年级	上	趣味卡通	爱记单词	绘本赏析	魅力文娱	你来我往
	下	书写达人	最强大脑	开心悦读	体育达人	缤纷派对
五年级	上	经典回响	词海拾贝	能歌巧将	童话世界	小小剧场
	下	我爱演讲	高能列车	妙笔生花	畅游首都	声临其境
六年级	上	故事比拼	美文诵读	妙语连珠	影音时光	时尚打榜
	下	未来作家	时光隧道	英语之角	异曲同工	梦想舞台

第四节

向着理想的阶梯攀登

一、打造"DREAM ENGLISH"课堂，推进学科课程实施

（一）"DREAM ENGLISH"课堂基本特征

1. 英语课堂要发挥学生的主体地位。梦想英语课堂的重要特征，就是培养学生的学习兴趣与能力。教师创设系列课堂活动，激发学生主动学习，并养成良好的英语学习习惯。

2. 英语课堂要追求趣味、高效。英语学科是一门工具性学科，这就决定了我们教师在课程实施过程中，要注意语言的交际性、功能性，创设情境让学生活学活用。高效的英语课堂要求教师精准地把握教材，整合相关各学科知识点，高效的英语课堂更要尊重学生的个体差异，让每个学生对学习产生满足感。

3. 英语课堂要能体验教的享受、学的快乐。学校创设"DREAM ENGLISH"品质课堂，教师在教学中寓教于乐，创设高效有趣的英语课程，始终保持课堂的新鲜感。学生在老师的引导下积极学习，乐学善思，并随着年龄的增长对英语学习保持持续性的兴趣和浓厚的求知欲，享受与人合作、交流和探究的快乐，引导学生以积极向上的态度健康成长，为筑梦未来打下基础。

（二）"DREAM ENGLISH"课堂实践操作

1. 让学生在情境中体验英语学习的过程。教师依托丰富的课堂形式，来让学生对英语知识形成真正的理解。如"乐读绘本""魔力拼读""活力耳朵""童声唱响"等课程设置，让学生在真实的语境中体验英语学习的氛围。

2. 让学生保持好奇心及探究精神。教师通过启发、引导，支持学生追寻有价值有意义的语言学习。教师充分利用网络平台拓展学生视野，通过在线学习方式提高学生学习英语的积极性，提高学习英语的效率。

3. 让学生在教师饱满的热情中受到感染。教师用欣赏的眼光看待学生，用赞赏的话语鼓舞学生。帮助学生认清自我，发现自己在英语学习上的天赋和优势。引导学生运用科学的方法学习英语，使学生对英语学习产生浓厚的兴趣。通过广泛的课程内容如"词海拾贝"、"梦想舞台"等来激发他们的求知欲，夯实英语基础，强化自信心。

4. 让学生在多样的形式中提升语言素养。教师可以通过悦耳动听的音乐、生动活泼的图片、妙趣横生的游戏、直观的动画视频等多种形式，促进学生语言技能的发展。设置"天生演员"、"时尚打榜"等课程让学生在享受课程学习的过程中，不知不觉提升兴趣，丰富语感，开阔视野，增长知识，发展智力和塑造性格。

二、推进"DREAM ENGLISH"评价，培养良好的英语学习习惯

"DREAM ENGLISH"的教学目标包括对英语学习的持续性、学习兴趣以及积极主动的学习态度的培养。从学的方面来说，首先是要养成良好的学习习惯。从教的方面来说，要注重学生学习方法的指导。

（一）"DREAM ENGLISH"课程学习的基本要求

1. 指导学生学会"听"。语言学习，从听开始。从低年级到高年级制定出一套分阶段听力实施方法。组织"我说你做"、"活力耳朵"、"节奏歌谣"等社团活动，有侧重地引导学生学习"听"。

2. 引导学生要多"说"。引导鼓励学生大胆说，主动说。学校课程设置的"超级模仿"、"天生演员"、"童声唱响"、"节奏歌谣"，通过不同形式引导学生多说，主动说，大胆说。教师在课程实施中丰富教学内容，努力创设情境，增加趣味性，让学生想说英语。并整合教学内容开展游戏教学，真正给学生提供施展口语训练的交际舞台与场所。

3. 鼓励学生要乐"读"。小学英语阶段，低年级从乐读绘本开始培养学习英语的自信心和兴趣。中高年级阶段，在乐读的基础上开始逐步引导学生培养阅读的能力，掌握有效的阅读技巧和方法。

4. 教会学生学会"写"。小学英语阶段，从低年级字母的正确书写到高年级祝福语、贺卡、书信等日常实用文书的正确书写。学校"书写达人"社团分阶段地侧重指导学生的书写能力。

（二）"DREAM ENGLISH"课程学习的评价要求

根据课程内容的不同，学校"DREAM ENGLISH"课堂评价分为基础性评价、特色性评价、终结性评价三个部分。具体内容见表4-3。

表4-3　合肥市习友路小学英语"DREAM ENGLISH"学习质量评价表

形式	评价内容	评价标准	评价等级					
			过程性评价				综合性评价	
			A+	A-	B+	B-	生评	师评
基础性评价	课堂表现	认真听讲、积极思考。						
	听说	每天坚持听读。						
	读写	书写工整，规范。						
特色性评价	动手制作	动手能力强。						
	玩演视听	自然、大方得体。						
	思考练笔	主题明确、内容创新。						
终结性评价	口语表达	语音、语调准确。						
	语言知识和技能综合测试	流畅、有章法，无多写漏写现象。						

三、设立"DREAM ENGLISH节"激发学生英语学习兴趣

丰富多彩的英语活动能够极大地激发和调动学生学习英语的热情，促进学生综合语言运用能力的全面提升。

"DREAM ENGLISH节"通过"手抄报制作展评"、"童声同唱"、"书写达人"、"高能列车"、"学习记录袋"等活动，为学生搭建了更多样的平台，让学生走出课堂，展示说英语、用英语的能力。英语节培养了学生的合作创新精神，激发了学生学习英语的热情和主动性。"DREAM ENGLISH节"的评价见表4-4。

表 4 - 4　合肥市习友路小学英语 "DREAM ENGLISH 节" 评价表

评价内容	评价标准	评价等级			
		A+	A-	B+	B-
手抄报制作展评	设计精美，图文并茂。				
	书写工整、正确。				
	主题明确，内容创新。				
童声同唱、高能列车	精心准备，表演精彩。				
	语音、语调准确。				
	自然流畅，表现力强。				
英语书写达人展	书写工整、规范。				
	主题吻合，布局合理。				

四、建立 "DREAM ENGLISH" 社团，享受英语学习的快乐

通过社团活动，使学生进一步体验英语的快乐，进一步激发学生学习英语的兴趣，培养学生良好的习惯，发展学生的个性，提高学生的综合素质，促进学生的全面发展，展示学生的英语才华。

（一） "DREAM ENGLISH" 社团的类别与实施

依据校本课程，学校创建了绘本赏析社团、天生演员社团、能歌巧匠社团、妙笔生花社团。学校将根据英语课程的实施方案，来创设一系列的 "超级模仿"、"趣味配音"、"天生演员" 等课程，利用课前五分钟晨读二十分钟、学习群分享、校本课展示等多渠道来实现我校快乐并高效的英语课堂。

（二） "DREAM ENGLISH" 社团的评价标准

社团活动评价以考查学生在牢固掌握基本知识的基础上综合语言运用能力为目标，评价方式为口语测试及纸质测试。

1. 口语表达测试。五分钟准备时间，学生展示自己的学习记录袋（四、五级）及演说口头作文（二、四、五级），抽取每个课程中涉及到的一个话题，考查学生语言的组织及语言语调。

2. 语言知识和技能测试。设计考查学生语境下的语感和语用能力的任务型话题，通过听或看获取、解读信息，乃至根据要求完成任务的内容。从听或看与图匹配，听或看对话、短文、演讲等内容中提取信息，考查内容以

"DREAM ENGLISH"社团课程中涉及的话题为主，测试内容采用随机抽签的方式进行，见表 4 - 5。

表 4 - 5　合肥市习友路小学英语"DREAM ENGLISH"社团的评价标准

形式	评价内容	评价标准	评价等级			
			A+	A-	B+	B-
天生演员社团 能歌巧匠社团	学习记录袋介绍（四级、五级） 时尚打榜展示（二级、四级、五级）	语音语调清晰，朗读自然流畅。				
		主题健康、积极。				
		歌曲演绎音美、音准、有感染力。				
绘本赏析社团 妙笔生花社团	语言知识和技能测试（听力活动、书写字母、辨别单词、阅读理解）	能借助图片读懂简单的故事或小短文。				
		能理解并解释图表提供的信息。				
		能找出文章的主题，理解故事的情节。				
		能利用词典等工具书进行阅读。				

随着课程建设的不断深入，我们越来越深刻地体会到丰富、多彩、高效的"DREAM ENGLISH"英语课程群，是一个儿童向着理想攀登的阶梯，能激发学生学习的兴趣，拓展英语学习向不同学科知识领域的渗透，促进学生的思维发展，为学生们乘着梦想的翅膀，飞跃七彩童年助力。

（撰稿人：　裴文云　徐立亭　王翩　缪莉　束婷婷

王燕　洪晓丽　陈琦　陈梅梅）

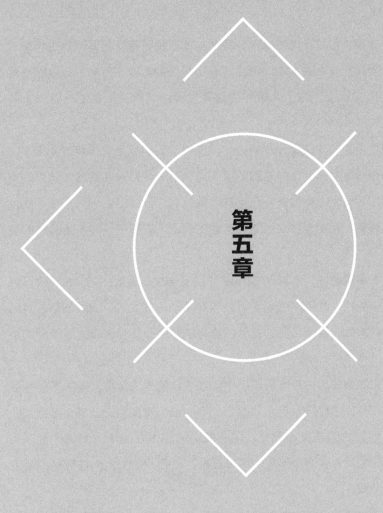

第五章

施瓦布认为，课程的问题很自然地是一体的，教什么、怎样教、教给谁、在什么条件下教、教的目的是什么，都是相互依赖的，都是与特定的情境联系在一起的。教师与学生通过教材、环境或课程的媒介，促成教学过程的实现。课程主体观决定了我们对课程开发的基本看法。学生的主体性发展关系到课程改革的基本目标与核心内容，也是衡量课程改革效果的重要标准。

主体跨界：
学科课程的参与维度

课程主体观决定了我们对课程开发的基本看法。随着课程改革进入深水区，教师作为课程开发的主体地位已经有了明确的体现。而对于儿童在课程活动中的价值与意义，对于儿童作为课程主体的认识，正在进行着点上的突破。

对儿童是否要参与课程开发的论辩，反映了我们教育工作者的儿童观。存在儿童是否有能力参与课程开发的疑问，映射着我们对儿童潜在能力的发现不足；提出儿童可以参加何种课程开发的疑问，折射出我们对儿童多样生活的忽略；讨论儿童能否对课程的评价提出观点，说明我们对儿童独有的价值观了解不够。

《意见》明确要求，学校与教师应"突出学生主体地位"。课程改革视域下的学生主体性，是指学生能意识到自身是课程的主人，通过理解、对话和交往结成共同体，从而自觉、主动、富有创造性地参与课程实施及相关事务的管理。①

在儿童参与课程建构的组织过程中实现主体跨界，使得儿童的潜能得以释放。儿童在获得课程开发机遇的刹那，平时难以发现的责任感、号召力，因为有了需要完成的任务而显露。内在的协调能力在团队的组建中得以施展，潜在的规划能力在课程架构中得以显现，深藏的组织能力在课程内容的选择上得以发挥。

在儿童参与课程内容的搜集编创中实现主体跨界，使得儿童的生活经验意义化。基于儿童生活经验建构的课程，因为与儿童自身直接关联，对儿童有着天然的吸引力。儿童参与其中的思考与设计，使得零散的、碎片的生活内容系统化、系列化，使得儿童个体的经验，通过优化、组合、重构，变成儿童群体的共识。

在儿童参与课程实施的真实体验中实现主体跨界，使得儿童的自我效能感得以提升。儿童在课程实施中的主体地位，唤醒儿童在内心对课程、教材、课堂的重新认识，在与教师、同伴等多边交流与合作的过程中，感受到自己在其中的价值，体验到自己在其中的责任，汲取到内在喷发出来的学习

① 朱峰，惠峰明. 儿童课程主体意识的觉醒——以"走班制"下的项目型科技校本课程为例 [J]. 江苏教育研究. 2016（28）：64—67.

驱动力。

在儿童参与课程评价的具体操作中实现主体跨界，使得儿童的辨别判断能力得到提高。儿童作为课程开发者，自然要参与到对课程的评价之中。从什么维度对课程进行评价，需要儿童进行分析；用什么方法对课程进行评价，需要儿童进行选择；怎样判定课程的良莠，需要儿童进行辨别；课程需要有哪些改进与优化，需要儿童进行判断。在这样系统的操作中，儿童在方法论的支持下，分辨能力会得到快速提高。

"智想信息"课程以关注学生当下的学习能力和未来的可持续发展为中心，强调通过理论学习与实践相结合，让学生主动参与到信息的获取、加工、管理、表达与交流的过程中，习得信息技术运用能力，感受信息文化，增强信息意识，开拓信息思维。

智想信息： 开启智慧，放飞梦想

合肥市侯店小学信息技术组教师，多次在各级课堂教学、基本功大赛及信息化大赛中获奖，辅导学生参加各级中小学电脑制作活动并多次获奖，在教科研方面取得了不少成果。学校依据中共中央、国务院《关于深化教育教学改革全面提高义务教育质量的意见》，教育部《关于全面深化课程改革落实立德树人根本任务的意见》、《中小学信息技术课程指导纲要（试行）》（以下简称《纲要》）等文件精神，加快信息技术学科课程群建设步伐。

第一节

开启智慧，放飞梦想

一、学科价值观

《纲要》指出： 中小学信息技术课程的主要任务是，培养学生对信息技术的兴趣和意识，让学生了解和掌握信息技术基本知识和技能，了解信息技术的发展及其应用对人类日常生活和科学技术的深刻影响。信息社会正在改变着现代人的生活和学习，信息技术能力应成为学生必不可少的素养。

根据《纲要》总体要求，结合学校及学生情况，我们确立了信息技术学科价值观，即让学生在信息技术的学习中开启智慧，放飞梦想。

二、学科课程理念

我们认为，信息技术学习应以学生当下的学习能力和未来的可持续发展为中心，通过理论学习与实践相结合，让学生在信息的获取、加工、管理、应用及表达与交流的过程中，感受信息文化，增强信息意识，获得信息技术运用能力。据此，我们提出学校信息技术课程理念，即通过信息技术的学习，开拓学生思维能力；通过计算机应用软件的使用，启迪学生的想象力。

学校根据信息技术课程价值观及课程理念，结合学生身心发展特点和信息技术基础，推出"智想信息"课程。

（一）"智想信息"是信息技术兴趣培养的课程

"智想信息"融知识性、趣味性于一体，将"知识"和"趣味"有机结合起来，旨在提高学生学习兴趣，发展学生个性，拓展学生思维。"没有丝毫兴趣的强制性学习，将扼杀学生探究真理的愿望。"学生只有对学习产生了兴趣，才会有动力，才会全神贯注，学生在学习过程中主动地行动、观察、思维、想象，才是积极的、最有效的学习方式。"智想信息"课程就是要让学生在获取感性认识和直接经验的基础上逐步开展探索，激发其创新欲望，在兴趣上深化他们的创新意识。

（二）"智想信息"是智慧探究和自主发展的课程

"智想信息"强调学生的研究性学习，在学习过程中的自主选择和自我设计；提倡通过课程内容的合理延伸或拓展，充分挖掘学生的潜力和智慧，实现学生个性化发展。学习任何知识的途径是由学生去发现，这种发现理解最为深刻，最容易掌握规律、性质与联系。因此，"智想信息"鼓励学生主动学习、有效思考和积极体验，鼓励学生在活动中、生活中学习，利用整合多种教学资源自主学习和自主发展。

（三）"智想信息"是基于生命丰富发展的课程

信息学科教学不仅是让学生获得知识、技能的进步，更要为其人生奠定生命的价值与意义。因此"智想信息"强调关爱生命发展，关注心灵活动，引导学生在追求信息技术知识和技能的同时体会生命的意义，自觉实践自己的人生目标与理想；引导学生学会生活，学会生存，提高应对突发事件的能力，学会正确对待现实中的困难与挫折，增强生命的坚韧性与耐受力；引导学生尊重他人，善待他人，学会与他人和谐相处。

（四）"智想信息"是引领梦想创造新未来的课程

"智想信息"致力于培养学生对知识的融会贯通与综合运用，让学生获得完整、一贯的技能和经验。让学生结合生活和学习实际，运用合理而有效的信息技术手段，表达自己的思想，进行交流与合作。让学生可以利用信息技术手段进行创造和创新，将自己的所想所思表达出来，从而开拓思维，为未来的发展奠定基础。

第二节

让智慧联想在键盘上起舞

一、"智想信息"课程总体目标

学科课程目标既是信息技术学科教学的起点，也是信息技术学科教学的前进方向。学科课程目标的设计要立足学生发展需要，关注学生学习需求。基于上述要求，我们从学科知识、学科技能、学科素养三个维度制定了"智想信息"课程总目标。

（一）基于认知、领悟概念的学科知识

在"智想信息"课程的学习中，学生能初步了解一些信息技术的应用环境及信息的一些表现形式；初步建立对计算机的感性认识，使用计算机初步解决实际生活中的简单问题；在他人帮助下使用通讯远距离获取信息、与他人沟通；学会使用与年龄发展相符的多媒体资源开展直接和独立的学习，发展个人爱好和兴趣。

（二）基于运用、综合实践的学科技能

通过主题活动形式，以情境启发模式、任务驱动模式、自主探究模式、协作学习模式等方法组织信息技术学习，培养学生的学习实践能力和创新精神。注意培养学生良好的信息素养，把信息技术作为支持终身学习和合作学习的手段。

（三）基于创新、敢于创造的学科素养

借助信息技术，让学生学会与他人合作，与他人沟通，进行自主学习和合作学习。使学生知道应负责任地使用信息技术系统及软件，在使用信息技术的过程中培养自我保护意识，培育良好的信息技术素养，树立正确的科学态度，勇于突破和创新。

二、"智想信息"课程年段目标

上述三个层面的目标相互渗透、有机联系，共同构成"智想信息"课程的培养目标，"智想信息"引导学生在学习和使用信息技术、参与信息活动的过程中，实现知识与技能、过程与方法、情感态度与价值观等不同层面和不同年龄段的信息素养综合提升和协调发展；实现"智想信息"课程的总体目标。我们将课程总体目标进一步分解、细化，制定出了"智想信息"课程的年段目标。这里，我们以五、六年级为例，详见表5-1。

表5-1　合肥市侯店小学"智想信息"课程学段目标

年级	单元	上学期	下学期
五年级	第一单元	**小报制作** **基础目标** 1. 了解版面规划的作用和方法。 2. 能够在Word中进行页面设置、导入文字内容；能够利用Word设置页面背景。 3. 能在Word中插入艺术字并进行相应的修饰；能够在Word中插入图片并进行格式设置。 4. 能够利用Word中的文本框插入文字，并设置文本框格式。 **拓展目标** 1. 通过制作电子小报，激发学生的学习兴趣，掌握制作电子期刊的方法。 2. 在欣赏和制作电子小报的过程中，增强学生的审美意识和审美情趣。	**美图秀秀** **基础目标** 1. 了解常见的拍摄器材，学会使用数码相机；学会用读卡器导出存储卡里的照片。 2. 认识"光影魔术手"软件；学会用"光影魔术手"批量重命名图像文件；学会用"光影魔术手"编辑图像修正照片中的瑕疵；学会用"光影魔术手"美化照片。 3. 了解海报设计的流程，学会在海报背景图片上添加图像及说明文字。 **拓展目标** 1. 培养学生分析照片存在的问题，提高学生使用软件编辑图像、美化图像的能力。 2. 感受和体验"光影魔术手"的各种神奇功能，激发学生对信息技术的求知欲。 3. 形成运用信息技术手段解决身边实际问题的意识和能力。
	第二单元	**电脑维护** **基础目标** 1. 认识计算机外部设备，学会连接外部设备的方法。	**精彩瞬间** **基础目标** 1. 认识耳机、麦克风等录音设备，并学会连接设备。

跨界课程：学科课程的边界拓展

年级	单元	上学期	下学期
		2. 认识常见的网络设备，通过所学知识掌握解决家庭网络实际问题的方法和能力。 3. 掌握常用软件的下载、安装、卸载方法；掌握使用安全防护软件维护电脑系统的方法。 4. 学会清理电脑垃圾、清除使用痕迹等操作；会调整启动项加速系统启动速度的方法。 **拓展目标** 1. 通过实践操作，意识到系统维护的重要性，掌握使用安全防护软件维护电脑系统的方法。 2. 在连接硬件设备的过程中，培养学生勇于实践的精神。	2. 认识"录音机"软件，并使用"录音机"软件录制声音；学会在"录音机"软件中裁剪声音、拼接声音以及混合声音。 3. 了解拍摄视频的方法，并将拍摄的视频导入电脑；认识 Windows Movie Maker 软件的界面；能够使用 Windows Movie Maker 软件裁剪视频；能在影片剪辑之间添加过渡效果；学会去除视频自带的声音，并添加新的声音效果；能够添加文字并设置字体格式和文字的动画效果；能够将合成后的文件生成电影文件。 **拓展目标** 1. 通过制作一个电影文件，激发学生的学习兴趣。 2. 通过学习作品的制作，进一步培养学生学习计算机的兴趣；在作品的制作过程中，增强学生的审美意识。
	第三单元	**动画乐趣** **基础目标** 1. 熟悉 Flash 软件的窗口界面；理解几个概念："库"、"图层"和"元件"。 2. 掌握几个基本操作：导入图片、绘制图形、分离与组合对象、输入文字并设置文字格式。 3. 学会几个基本动画的制作：逐帧动画、运动渐变动画、形状渐变动画、引导动画和遮罩动画。 **拓展目标** 1. 培养学生对制作 Flash 动画的兴趣。 2. 增强学生的审美能力，把动画制作得美观大方。	**幻灯影像** **基础目标** 1. 认识 PowerPoint 窗口的组成；能够区分演示文稿与幻灯片的概念；会打开与播放幻灯片。 2. 会在幻灯片中用文本框方式输入文字，设置文本框的线条颜色、底纹等格式。 3. 会在幻灯片中插入图片、艺术字、自选图形、声音，并进行调整和设置。 **拓展目标** 1. 通过幻灯片的设计与美化，培养学生的审美能力，增强审美情趣。 2. 初步尝试用演示文稿来解决问题，保持与增加学生学习信息技术的兴趣。

年级	单元	上学期	下学期
六年级	第一单元	**期刊制作** **基础目标** 1. 了解多媒体作品的规划过程和制作流程；能根据所选主题完成电子期刊的规划和设计。 2. 掌握幻灯片版面设计的方法；掌握图片、文本框等对象的对齐排列、平均分布、组合等方法；掌握设置超链接的方法。 3. 了解动作按钮的功能，掌握设置简单的动作按钮的方法；掌握设置自定义动画和幻灯片切换效果的方法。 **拓展目标** 1. 通过体验作品的分析、规划和设计的过程，提高分析问题、解决问题的能力。 2. 通过体验电子期刊的制作过程，掌握多媒体信息加工的一般方法。 3. 激发学生兴趣和创作欲望，增强创新意识，提高创新能力。	**信息时代** **基础目标** 1. 感受信息技术在我们生活、学习中的作用，了解信息技术在社会各领域的应用。 2. 了解信息技术未来发展的趋势，体验新技术的魅力；使学生具有获取信息、传输信息、处理信息和应用信息的能力。 3. 认识身边的新技术，知道生活和学习都离不开信息技术；能正确地使用手机扫描二维码来获取信息。 **拓展目标** 1. 通过开展调查、搜索等活动，提高独立探究的能力。 2. 在安全、健康、负责任地使用信息技术的过程中，培养信息安全意识与信息道德，逐步提升信息素养。 3. 在对信息新技术的发现过程中，培养爱国主义情感，激发探索新技术的兴趣，树立"创新技术、改善生活"的远大理想。
	第二单元	**海龟画图** **基础目标** 1. 熟悉 PC Logo 系统的启动、退出方法，并认识 PC Logo 系统的窗口。 2. 掌握 Logo 语言基本命令的使用方法，学会使用基本命令绘制简单的图形和图标。 3. 会使用 Logo 语言编写简单的程序，会运用程序设计的思想解决一些简单的问题。 4. 学会使用重复命令，会分析图形中隐含的规律，能够绘制出复杂的图形；掌握"过程"的定义及保存、调用、修改的方法，能够调用"过程"绘制各种图形。	**毕业留念** **基础目标** 1. 认识 XMind 软件的界面组成；借助思维导图的使用，培养学生抽象思维能力，提高学生综合运用能力。 2. 了解和使用 360 云盘的基本知识；认识"Windows Movie Maker"的操作界面，掌握在"Windows Movie Maker"中添加图片、音乐、边框的方法。 3. 通过制作电子相册，了解多媒体作品创作的一般过程，体验创作的成就感。 4. 掌握在微博、云盘中上传文件的方法。

第五章　主体跨界：学科课程的参与维度

续　表

年级	单元	上学期	下学期
		拓展目标 1. 通过 Logo 语言的学习，培养学生的编程能力，锻炼其实践操作能力。 2. 通过各种复杂图形的绘制，提高学生的逻辑思维能力和审美能力。	**拓展目标** 1. 在对活动的整体规划中，理解思维导图的结构，体会素材与作品的关系。 2. 通过美化作品，感受信息技术的魅力，同时提升审美能力，体验创作的乐趣。 3. 在规划、制作以及发布作品的整个过程中，养成使用信息技术的良好习惯，健康、安全、负责任地使用信息技术。
	第三单元	**智能体验** **基础目标** 1. 了解常见的智能终端以及在生活中的应用，感受科技发展给生活带来的变化。 2. 正确认识和使用智能手机。 3. 了解常用的无线上网方式；掌握使用蓝牙设备的方法；通过使用共享智能手机热点上网，理解共享热点的用途及操作方法。 4. 掌握部分人工智能软件的使用方法；了解人工智能的未来发展方向。 **拓展目标** 1. 通过对智能手机这一工具的学习，让学生了解智能手机的基本应用模式，体会智能手机在现代信息社会中的重要性。 2. 提倡学生利用网络进行自主探究式的学习，在体验新技术的同时，了解通过网络学习新技术的方法。 3. 通过对智能手机这一新兴信息技术工具的探究和实践，培养学生乐于学习新技术、善于运用新技术的精神。	**机器人朋友** **基础目标** 1. 知道常见机器人的种类及应用，了解机器人的基本特点。 2. 认识机器人的基本组成结构，了解机器人的工作原理。 3. 了解机器人的制作流程，学会简易机器人的硬件搭建和编程控制。 **拓展目标** 1. 通过阅读案例或观察实物，感受机器人在各行各业中应用的广泛性和价值，总结和归纳机器人的应用特点。 2. 通过制作无人驾驶小车，体验机器人的制作流程，掌握简易机器人的硬件搭建和编程控制方法。 3. 通过对机器人知识的探究和实践活动的体验，激发学习机器人的兴趣。 4. 通过制作机器人，培养学生勤思考、善动手的习惯，提高分析问题、探究问题、解决问题的意识和能力。

让娴熟技术遇见
精彩创意

一、学科课程结构

    "智想信息"课程开发在内容的选择上大胆创新，充分与其他学科进行整合，力争做到促进学生思维发展、智慧发展，培养学生的自主性、主动性和创造性。"智想信息"课程设置了"智想基础"、"智想技术"、"智想创意"三个板块，为学生的自主发展营造氛围，为学生的能动学习提供一个网络化的学习环境，力争娴熟技术与精彩创意完美遇见，为学生的终身学习奠定基础。具体课程结构见图 5-1。

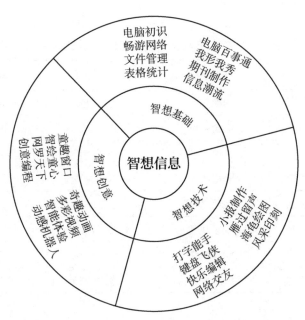

图 5-1　合肥市侯店小学"智想信息"学科课程结构图

具体表述如下：

智想基础——内容为信息技术基本能力学习。认识电脑的常用设备，熟悉计算机的基本操作，学习利用计算机进行信息的获取、加工、管理、表达与交流的基本方法；体验计算机信息处理的优势，知道计算机是现代信息技术的核心。

智想技术——内容为信息技术运用能力提升。利用信息技术工具收集和处理信息，以支持学习、探究和解决日常生活问题；使用常用信息处理工具和软件，展开写作、绘画等活动，制作电脑作品；熟悉信息处理软件的界面和常用工具，总结具有广泛适用性的操作方式，积累技术应用经验。

智想创意——内容为信息技术创新素质培养。学会使用多媒体制作软件，运用文字、图片、声音等多种方式，灵活地表达想法、创意和研究结果；能综合运用信息技术解决生活和学习中的各种问题，提出质疑以及可能的技术改进建议，形成初步的技术创新意识。

二、"智想信息"课程设置

依据"智想信息"课程结构以及不同年龄段学生成长的需要和认知规律，我校从三年级到六年级，分八个学期设置"智想信息"课程。具体课程设置见表5-2。

表5-2 合肥市侯店小学"智想信息"课程设置表

年级	智想基础	智想技术	智想创意
三年级上学期	电脑初识	打字能手	童趣窗口
三年级下学期	畅游网络	运指如飞	智绘童心
四年级上学期	文件管理	快乐编辑	网罗天下
四年级下学期	表格统计	网络交友	创意编程
五年级上学期	电脑百事通	小报制作	奇趣动画
五年级下学期	我形我秀	雁过留声	多彩视频
六年级上学期	期刊制作	海龟绘图	智能体验
六年级下学期	信息潮流	风采印刻	动感机器人

第四节

信息技术为智慧
与梦想赋能

一、打造"智想课堂"，推进学科课程实施

课堂是课程实施的主要渠道，课堂教学质量是提高课程实施质量的关键，"智想信息"课程实施的核心在于"智想课堂"。

（一）"智想课堂"的内涵

"智想课堂"是让学生迸发智慧火花，点燃梦想之焰的课堂。利用创新的教学方法，丰富的课堂教学形式，营造和谐轻松的教学氛围，激发学生学习兴趣，调动学生学习的积极性和主动性，提升学生信息技术素养，为学生未来更好地适应社会发展奠定基础。

（二）"智想课堂"的实践操作

1. 创设情境，积极学习。教学中，教师创设恰当的情境有助于激发学生学习兴趣，使学生快速进入学习状态。学生在相应的情境中动手动脑，操作探究，不断取得进步。将学生学习的成就感演变成一种学习乐趣，促使学生以更加积极的状态投入到学习中。

2. 加入游戏，寓教于乐。将游戏化教学的观念深入课堂教学中，寓教于乐，让学生在乐中学，学中乐，营造出一个活泼的学习环境，促使学生自主学习，全面发展。通过创设竞技游戏让学生体验无限的乐趣和挑战，极大地调动他们学习的积极性。健康有趣的课堂小游戏可以给予学生无穷的快乐、提高学生的学习兴趣和学习主动性，同时可以锻炼学生思维，培养学生创造力，加强学生之间的相互配合和交流。

3. 自主探究，解决问题。在教学过程中，教师给予学生自主探究的时间和空间，大胆放手让学生尝试，教会学生自主解决学习过程中遇到的问题。既发挥学生的主体作用，又培养学生的创新意识，取得事半功倍的教学效果。

4. 学科整合，促进学习。打破学科壁垒，挖掘信息技术与其他课程的融合点，有效进行渗透，能提升学生学习兴趣，给予学生实践机会，促进学生学习效率和质量的提升。同时教授学生归纳整理信息的方法，提高学生运用信息的能力。

（三）"智想课堂"的评价标准

教研组依据学校"智想课堂"的评价标准，结合信息技术学科特点，从课堂目标、课堂内容、教师的教、学生的学、课堂效果等方面，制定了信息技术课堂评价标准，引领课堂发展方向。全面评价学生的知识、能力、情感态度与价值观等方面的表现。"智想信息"的评价指标见表 5-3。

表 5-3 合肥市侯店小学"智想信息"评价量表

评价项目	评 价 内 容	得分
课堂目标 （20分）	1. 知识、能力、情感态度与价值观等方面目标明确、具体、符合实际、可操作强。 2. 符合学生的心理特征和认知水平，关注学生的个体差异。 3. 以信息素养的培养为核心，注重创新精神和实践能力的培养。	
课堂内容 （20分）	1. 正确理解和把握课程内容。 2. 根据教学目标和学生实际，科学合理地、创造性地利用和开发课程资源。 3. 教学过程设计合理、灵活，具有开放性。 4. 教学活动强调学生运用自主、探究、合作的学习方式。	
教师的教 （15分）	1. 创设合理的教学情境，营造自主学习的空间和时间，激发学生学习兴趣。 2. 演示、示范清晰、简练又有层次，能突出重点、化解难点。 3. 能够根据反馈信息对教学进程、难度进行适当调整。 4. 为每个学生提供平等参与的机会，关注学生的个体学习过程，能对学生进行针对性指导。 5. 及时采用积极、多样化的评价方式，鼓励学生个性发展。 6. 关注学生的学习态度和过程，保护学生的自信心，尊重学生自主学习的结果和人格。	

评价项目	评 价 内 容	得分
学生的学 （15 分）	1. 学生能明确自己的学习任务。 2. 学生对学习活动兴趣浓、课堂气氛活跃。 3. 学生参与活动积极主动，乐于与他人交流合作。 4. 学生能提出有意义的问题或发表个人见解。 5. 学生能够倾听他人意见，并认真地、有条理地思考。	
课堂效果 （20 分）	1. 实现教学目标。 2. 多数学生能完成学习任务。 3. 每个学生都能得到不同程度的收获和提高。 4. 课堂气氛活跃、和谐、宽松、有序。 5. 师生情绪饱满、热情，合作融洽。 6. 学生体验到学习的乐趣和成功的愉悦，有进一步学习和探索的愿望。	
课堂特色 （10 分）	1. 能恰当地选择现代教育技术手段进行教学，技术运用取得明显效果。 2. 教学注重实践，教师示范操作熟练规范，指导范围大、效果好，学生练习充分。 3. 挖掘教学内容，有意识地适时渗透信息道德教育，培养学生使用信息技术的良好习惯，综合提高学生信息素养。	

二、倡导"智想学习"，利用信息技术进行创想

"智想学习"是一种能力的培养，让学生具备利用信息技术进行创造和学习的能力。

（一）"智想学习"的基本要求

通过"看、玩、做、比"四部曲让学生更好地掌握课堂上学习的知识，并且能熟练地进行运用。

1. 看。通过"看"把抽象的知识具体化、形象化，培养学生观察能力和自学能力，拓宽学生的知识面，形成形象记忆。通过看书、网络自学让学生自主探究性学习，自己通过查找、收集、加工、存储一些有用的信息，形成运用信息技术获取知识的能力，从而培养他们自主学习和终身学习的习惯。

2. 玩。爱玩是孩子们的天性，通过各种益智游戏，开动脑筋，提高观察力及应变能力。学生在玩中学，学得有趣、投入，其乐无穷。

3. 做。鼓励学生上机操作，重视实践能力的培养，充分利用计算机这个主动探索的学习工具和自主学习的资源环境，将学到的知识运用于解决实际

问题，更好地培养学生应用计算机能力。通过"任务驱动式"的不断训练，学生可以把这种解决问题的技能，逐渐迁移到其他领域。

4. 比。给学生提供展示自己成果的机会，同时和其他同学的作品进行比较。这样既满足一部分学生展示自己的愿望，提高自信，又给另一部分同学提供学习他人的机会，从而互相促进，取长补短。培养他们从小积极参与的竞争意识，从而更好地适应社会。

学生在"看、玩、做、比"中能够充分发挥自己的主观能动性，学得更好，记得更牢，提高学习效率，用最少的时间，学到最多的知识。

（二）"智想学习"的评价要求

"智想学习"围绕学习的思想性、科学性、创造性、艺术性、技术性等层面进行评价，具体指标见表 5 - 4。

表 5 - 4　合肥市侯店小学"智想学习"评价量表

评价标准	评 价 指 标	得分
思想性 科学性 （25 分）	主题明确，内容积极、健康向上（10 分）。	
	内容切合学习和生活实际（10 分）。	
	文字内容通顺，无错别字（5 分）。	
创造性 （30 分）	主题表达形式新颖，构思独特、巧妙（10 分）。	
	具有想像力和个性表现力（10 分）。	
	内容、结构设计独到（10 分）。	
艺术性 （25 分）	版式设计生动活泼，风格协调（5 分）。	
	版面设计合理，色彩运用得当（10 分）。	
	图文并茂，文字清晰易读（10 分）。	
技术性 （20 分）	选用制作工具和制作技巧恰当（5 分）。	
	技术运用准确、适当、简洁（5 分）。	
	包含报刊各要素（10 分）。	
评价等级	优秀：100—90，良好：89—80，一般：79—60，差：59—0	
总评		

三、设立"智想嘉年华"，让信息技术融入生活

为提高学生信息技术素养和实践能力，激发全校师生学习信息技术、用

好信息技术的热情，促进学生科学素养的全面提高，学校设立了"智想嘉年华"活动。

（一）"智想嘉年华"的实践操作

"智想嘉年华"活动分为竞赛类项目和作品类项目。活动的组织设计符合各年级段学生的能力和兴趣，努力为每位学生提供合适的、公平的展示平台。

1. 竞赛类项目。（1）打字比赛。英文录入（三年级）：随机选择一篇英文文章进行测试录入，要求能够正确区分大小写及标点符号。中文录入（四年级）：随机选择一篇中文文章进行测试录入，要求能够正确使用标点符号。（2）计算机知识竞赛（五六年级）：Windows 基本操作，文字录入、文字处理。

2. 作品类项目。（1）电脑绘画创作（三年级）：每位学生可上交一幅作品参加评比，单幅漫画、多幅漫画皆可，以 jpg 格式上传，参赛者保留源文件备核。（2）海报设计（四年级）：设计图文并茂的宣传海报，可以使用Word、PowerPoint 等软件进行设计，以 jpg 格式上传，参赛者保留源文件备核。（3）flash 动画作品（五六年级）：每位学生可上交一幅作品参加评比，Flash 作品以 swf 格式上传，参赛者保留 fla 格式源文件备核。

（二）"智想嘉年华"的评价要求

"智想嘉年华"针对活动策划、组织、过程、效果等进行评价，具体指标见表 5-5。

表 5-5　合肥市侯店小学"智想嘉年华"评价量表

评价内容	评 价 标 准	得分
节日活动策划 （20 分）	1. 目标明确。符合学生能力发展和个性培养的要求。 2. 活动内容。贴近生活，丰富学生学习和生活经验。 3. 内容综合。引入多种信息，运用多门学科。	
节日活动方法 （15 分）	1. 组织形式的多样性和趣味性。 2. 学生方法得当，多法结合。 3. 教师讲解方法得当。	
节日活动过程 （30 分）	1. 活动内务基本要素，能有机结合各要素。 2. 活动步骤合理。活动准备、活动导入、活动展开、活动总结有序展开。	

续　表

评价内容	评价标准	得分
节日活动效果 （35分）	1. 学生在教师的指导下自主思考、设计操作和解决问题。 2. 学生能积极主动地参与活动。 3. 学生具有一定的创造性，思路设计新颖，方式方法多样，有一定的活动成果。	
总分		

四、建立"慧梦信息社团"，用智慧创造梦想

为了培养出全面发展的高素质人才和符合时代要求的复合型人才，不仅要抓好课堂教学，还要有目的、有计划、有组织地开展课外活动。学校建立"慧梦信息社团"，能充分显示出学生的才华，给予学生展现的舞台，充分调动起学生学习的积极性、创造性，给和谐校园增添活力，使学校校风、校貌得以改变，向更好的方向发展。

（一）"慧梦信息社团"的类别与实施

依据各年级段学生发展特点以及学校发展的需求，我们精心设计社团课程，开发了"绘智童心"、"动漫乐园"、"创意编程"等"慧梦信息社团"，通过校课程编辑小组审批后进入选课平台，学校再根据学生自愿报名和学校统筹双向原则组织选课，从而达成尊重兴趣、发展特长的目标。

具体措施为：宣传发动，召集学员，以自愿参与为主；确定学员，召开社团学员会议，选举组长，宣传社团开展的目的和任务；采用诱导的方法进行辅导，培养学生的想象能力和思维能力；每学习一项内容后进行总结，进而促进学员之间的交流和推动全校信息技术教学的发展；活动评价展示学生作品，激发学生对信息技术的学习兴趣和积极性。

（二）"慧梦信息社团"的评价要求

每学期期末学校组织社团展示活动，由学生、教师、家长进行评比，并结合日常社团情况与展示活动结果，进行总结评价。为规范社团发展，加强社团工作的制度化、规范化，使学生的个性化学习充分展开，充分调动学生的积极性、发挥学生的创造性，特制定"慧梦信息社团"评价指标见表5-6。

表 5－6　合肥市侯店小学"慧梦信息"社团评价表

社团名称：　　　　　　　　辅导教师：　　　　　　　评价时间：

评价项目	评 价 标 准	得分
社团管理 （20分）	1. 社团活动指导老师及时到位。 2. 活动安全保障有力，无出现安全事故。 3. 每次活动学生出席率。	
场地管理 （20分）	1. 活动场地物品管理有序。 2. 活动后场地内地面干净、桌椅整齐、教具无破损。	
活动开展 （40分）	1. 活动内容丰富，形式生动，学生满意度高。进行学生调查，确定学生对社团活动开展的喜欢程度。 2. 积极开展各项活动，认真落实各项工作。 3. 每学期能组织一次展示活动，并向学校考核组开放；活动有条不紊，活动时间安排合理，能成功完成活动，达到预期活动效果。 4. 活动气氛热烈，社员热情参与，通力合作。 5. 活动组织有序，纪律良好，活动过程中没有违规现象。	
活动成效 （20分）	1. 活动有一定的影响，有报道。 2. 活动有成果展示，参加校内校外展示获奖。	

　　"智想信息"课程，基于儿童已有基础与经验，提供利于其联想、创造的多样学习途径，力争让信息技术为智慧与梦想赋能，让学生自信地面对自己，面对未来。

（撰稿人：　裴文云　郭晓梅）

第六章

布鲁纳认为，思维方式是各学科所使用的方法的基础。学校课程中学科本身的基本概念与其他学科的基本概念存在的内在联系是跨界思维的基础。课程对于儿童思维发展的价值在于，通过归纳、概括的手法让儿童掌握扎实的学科本质概念，发现学习内容中存在的规律。

思维跨界：学科课程的学习再造

布鲁纳认为，思维方式是各学科所使用的方法的基础。① 思维以感知为基础又超越感知的界限，它探索与发现事物的内部本质联系和规律性，是认识过程的高级阶段。

所谓跨界思维，就是以大世界大眼光，从多角度、多视野看待问题和提出解决方案的一种思维方式。巴菲特的合伙人查理芒格，一直推崇跨界思维，他将跨界思维誉为"锤子"，而将创新研究比作"钉子"，认为"对于一个拿着锤子的人来说，所有的问题看起来像一个钉子"，形象地诠释了"大"与"小"的辩证。"形而下者谓之器，形而上者谓之道。"思维跨越没有界限，创新才永无止境。

课程中的跨界思维基础是课程内容中各学科的基本概念与其他学科的基本概念间均存在内在逻辑联系。儿童去寻找、发现这些隐藏在学科知识背后的深层连接，本身就是一场思维跨界的旅程。

思维跨界的价值在于，儿童在学习不同的课程内容时，都能用缜密的思维掌握扎实的学科本质概念，发现学习内容中存在的规律，在此基础上产生创造性学习。因为有规律的自由才是创造的核心。

思维跨界给教师的启示是，教学的任务不仅是让学生具备知识的记忆与累积，也不仅是让学生习得一般的归纳思维与演绎思维，还可以是鼓励学生从多个思维的角度去对待、审视自己的学习。

引导学生以存疑的视野提出问题、疑惑、答案，获得批判思维、求异思维的生长与发展；用建立横向、纵向联系的模式思考学科内部与外部的关联，获得横向思维、推理思维的生长与发展；以站在高处、直达终点的角度进行思考，获得跳跃思维、统摄思维的生长与发展。

更加开阔的思考使得学生的思维产生跨界，从低阶向高阶发展，实现对课程学习的举一反三、融会贯通，扩展为课程边界以外领域学习的方法论。

"盈实语文"注重引导学生多读书、多积累、多思考，注重让儿童在实践中领悟文化内涵的语文运用规律。关注儿童语文知识技能的获得，关注儿童语文学习思维与方法的掌握，满足他们在情感、审美等精神层面的渴求，让儿童的心灵日渐健康、丰盈起来。

① 施良方．课程理论［M］．北京：教育科学出版社，2003：33.

盈实语文：让儿童在语文学习中充盈人生

合肥市乐农新村小学奥林校区语文组现有专任教师18人，其中省级教坛新星1人，市级教坛新星1人，合肥市学科带头人1人，骨干教师2人，蜀山区骨干教师2人。教研组认真开展教研活动和备课活动，积极参加各类活动，先后获得了各项荣誉。深厚的文化底蕴促使乐农新村小学教育集团语文学科萌发出自然而然的活力与生机。依据中共中央、国务院《关于深化教育教学改革全面提高义务教育质量的意见》，教育部《关于深化课程改革，落实立德树人根本任务的意见》、《义务教育语文课程标准（2011年版）》（以下简称《课标》），围绕语文学科语言建构与运用、思维发展与提升、审美鉴赏与创造、文化传承与理解等核心素养，我们以国家课程为基础，从语文课堂、社团活动、节日活动、研学活动等多方面进行课程构建，推进语文学科课程群建设。

第一节

在语言文字中
丰盈人生

一、学科价值观

《课标》指出"语文是最重要的交际工具,是人类文化的重要组成部分。工具性和人文性的统一,是语文课程的基本特点"。语文课程应注重引导学生多读书、多积累,重视语言文字的运用,在实践中领悟语言文字的魅力和文化内涵,在扎实有效的语文实践学习中,培养学生认知能力、情感能力。基于此,我们认为语文课程的核心价值是: 让孩子的生命更加丰盈。

二、学科课程理念

依据《课标》精神,结合我校语文课程价值观及学生学习实际情况,学校推出"盈实语文"课程。

"盈实语文"即丰盈、扎实的语文,致力于培养学生的语言文字运用能力,提升学生的综合素养,为学好其他课程打下基础;为学生形成正确的世界观、人生观、价值观,形成良好个性和健全人格打下基础;为学生的全面发展和终身发展打下基础,丰盈儿童的人生。

"盈实语文"是夯实基础、落地生根的语文。以语文知识为基础,以识字与写字、阅读、习作、口语交际、综合性学习为核心构建一系列丰富的课程。

"盈实语文"是授之以渔、教之以法的语文。教学中注重引导学生多读书、多积累,重视语言文字的实践,在实践中领悟文化内涵,掌握语文运用规律。

"盈实语文"是多彩体验、丰盈人生的语文。不仅关注儿童语文知识技能的获得，而且满足他们的情感、审美等精神层面的渴求，让儿童的心灵日渐健康、丰盈起来。

　　综上所述，我校"盈实语文"的核心理念为：在扎实、丰盈的语文学习中，跨越知识的海洋，快乐健康地成长。

第二节

让志向与情怀更加高远

一、学科课程总目标

结合《课标》及语文学科的课程理念，我校设置语文学科课程总目标是：培育热爱祖国语言文字的情感，引导学生热爱读书、广泛读书、独立读书，积累丰富多彩的文学语言；在发展语言能力的同时，发展思维能力，学习科学的思想方法，逐步养成实事求是、崇尚真知的科学态度；提升文化品味，促进精神成长，树立并坚守崇高的志向，使自己具有更长远的眼光和更高远的情怀。

二、学科课程学段目标

根据《课标》要求，结合我校语文学科课程总目标和1—6年级的学情，我们设置了语文课程年级目标。这里，我们以三年级为例，详见表6-1。

表6-1 "盈实语文"课程目标

年级	单元	上学期	下学期
三年级	第一单元	**基础目标** 1. 阅读时，关注有新鲜感的词语和句子。 2. 体会习作的乐趣。 **拓展目标** 1. 练习使用联系生活实际的方法理解词语和课文内容。 2. 学会抓住人物的特点去描写人物并积累相关词语。	**基础目标** 1. 试着一边读一遍想象画面。 2. 体会优美生动的语句。 3. 试着把观察到的事物写清楚。 **拓展目标** 1. 能仿照课文中的片段，写一种自己喜欢的植物。 2. 在讨论交流时，能耐心听别人把话说完，尽量不打断别人。

年级单元	上学期	下学期
第二单元	**基础目标** 1. 运用多种方法理解难懂的词语。 2. 学习写日记。 **拓展目标** 1. 体会比喻在文中的表达效果。 2. 学习选择生活中印象深刻的事写日记，表达真情实感。	**基础目标** 1. 读寓言故事，明白其中的道理。 2. 把图画的内容写清楚。 **拓展目标** 1. 能结合生活实际对故事发表自己的看法。 2. 能把自己看到的、想到的写清楚。
第三单元	**基础目标** 1. 感受童话丰富的想象。 2. 试着自己编童话，写童话。 **拓展目标** 1. 了解对比烘托人物的方法，学习使用拟人夸张等修辞手法。 2. 学习使用修改符号修改自己的习作。	**基础目标** 1. 了解课文是怎么围绕一个意思把一段话写清楚的。 2. 收集传统节日的资料，交流节日的风俗习惯，写一写过节的过程。 **拓展目标** 1. 学习列图表、品析词句等阅读方法，把握住文章的主要内容。 2. 搜集中国优秀传统文化资料，用生动流畅的语言介绍给他人。
第四单元	**基础目标** 1. 一边读一边预测，顺着故事情节去猜想。 2. 学习预测的一些基本方法。 3. 尝试续编故事。 **拓展目标** 1. 听别人讲话时要礼貌地回应，说话时要把了解到的信息讲清楚。 2. 学习记叙、描写的表达方式，注意引号的用法。	**基础目标** 1. 借助关键语句概括一段话的大意。 2. 观察事物的变化，把实验过程写清楚。 **拓展目标** 1. 体会语段中标点的不同作用，根据表达的需要，正确运用标点及修改符号。 2. 有目的地观察生活，并能利用图表等形式记录下来。
第五单元	**基础目标** 1. 体会作者是怎样观察周围事物的。 2. 仔细观察，把观察所得写下来。 **拓展目标** 1. 练习按观察顺序有条理地复述片断。 2. 学习对比、首尾呼应、借物喻人的表达手法。	**基础目标** 1. 走进想象的世界，感受想象的神奇。 2. 发挥想象写故事，创造自己的想象世界。 **拓展目标** 1. 广泛阅读中外优秀童话故事，能不拘形式地写下自己的感受和想象。 2. 乐于表达，能具体生动地讲故事。

年级单元	上学期	下学期
第六单元	**基础目标** 1. 借助关键语句理解一段话的意思。 2. 习作的时候，试着围绕一个意思写。 **拓展目标** 1. 积累描写景物的优美的语言，反复品读。 2. 学习按不同方面连段成篇的方法，按顺序介绍景物。	**基础目标** 1. 运用多种方法理解难懂的句子。 2. 写一个身边的人，尝试写出他的特点。 **拓展目标** 1. 捕捉生活中的场景，运用修辞，大胆想象，尝试写一首儿童诗。 2. 学会运用动词，按事情发展顺序写出事物的特点。
第七单元	**基础目标** 1. 感受课文生动的语言，积累喜欢的语句。 2. 留心生活，把自己的想法记录下来。 **拓展目标** 1. 能联系生活，体会课文中生动的语言，学会使用拟声词。 2. 学会正确使用标点符号。	**基础目标** 1. 了解课文是从哪几个方面把事物写清楚的。 2. 初步学习整合信息，介绍一种事物。 **拓展目标** 1. 诵读优秀篇章，感悟作品中的优美语言和生动形象，体会情感。 2. 联系生活，体会大自然的神奇之处并抓住特点写下来。
第八单元	**基础目标** 1. 学习带着问题默读，理解课文的意思。 2. 学写一件简单的事。 **拓展目标** 1. 能从人物的动作、神态中体会到人物的心情变化。 2. 初步了解文言文和现代文在语言上的差异。	**基础目标** 1. 了解故事的主要内容，复述故事。 2. 根据提示，展开想象，尝试编童话故事。 **拓展目标** 1. 能根据人物性格读好人物对话，体会语言描写、心理描写的作用。 2. 学会利用神态、动作把编好的故事生动地讲给他人听。

第三节

丰盈扎实的语文
学习之路

为了引导学生积累语言,培养语感，发展思维，使他们提高思想道德修养和审美情趣，逐步形成良好的个性和健全的人格，在丰盈、扎实的语文学习中充盈人生，我校建立了"盈实语文"的课程框架，具体见图 6-1。

图 6-1 "盈实语文"课程结构图

一、"盈实语文"课程结构

"盈实语文"以《课标》为依据，基于学校及学生特质，关注学生语文学科核心素养。从识写、品读、写作、交际与实践五个维度，按年级分阶段设计了多门课程。纵向来看，由浅及深体现螺旋上升；横向来看，涵盖各年级五个维度的学习，在字、词学习的基础上进行听、说、读、写的训练，每个维度相互连接、环环相扣。

充盈识字：它是落实小学各年级识字、写字任务的内容。识字和写字是语文学习最重要的学习内容之一。识字与写字是"第一学段的教学重点，也是贯穿整个义务教育阶段的重要教学内容"。重在激发学生识字写字的兴趣，了解汉字的历史，引导学生正确地运用汉字、规范地书写汉字，体会汉字的博大精深，从而热爱祖国的语言文字。

缤纷阅读：它是以引导学生利用语言文字，获取信息、积累言语、增长见闻、认识世界为主题的活动。提供丰富的文本使学生理解、领悟文字带给心灵的触动。让学生在阅读大量文本的过程中掌握多种阅读的方法和技巧，为学生的终身发展助力。

七色写作：它是以书面表达为主的语文学习。我们以丰富多彩的习作学习方式开启学生的文学创作之旅。重视学生的观察、感受和体验，注重真实的表达，利用多种活动激发学生写作的热情。

多彩口语：它是将语文灵活地运用于生活的重要载体，是听与说的综合运用。发挥学生的主动性，积极创设各种情景，使师生、生生充分进行口语交流。让学生在交际中掌握倾听、表达、转述、交谈的方法，能够选择恰当的方式与他人打交道。

丰实探究：生活是学习的源泉，对于语文这门学科来说，就是从生活中发现更多的语文现象，在生活中运用在课堂上所学的语文知识。使学生能够将语文知识和能力融汇贯通，学以致用，打通学习与生活的壁垒。

二、"盈实语文"课程设置

我们根据一到六年级学生的不同年龄特点和知识特点，分别从识写、品读、写作、交际与实践五个方面展开指导学生学习语文知识，感受语文的魅

力,开发了丰富多彩的拓展课程,具体设置如下(表6-2):

表6-2　"盈实语文"课程设置表

课程＼年级	充盈识字	缤纷阅读	七色写作	多彩口语	丰实探究
一年级	识字加油站	绘本阅读	词语接龙	三句话	漫画昆虫
二年级	百字听写	童话世界	连词成句	你说我做	校园探险
三年级	标点工厂	阅读拐杖	童话王国	故事会	幽默大师
四年级	书写美工坊	朗读者	一日一记	新闻茶话会	环保卫士
五年级	说文解字	名著分享	我手写我心	辩论出真知	百科探秘
六年级	书法王国	诗歌王国	名人名胜	正牌记者	毕业留言簿

第四节

在应用中体验语文的魅力

一、落实"盈实课堂"，夯实语文学习基础

在原有的课堂文化基础上，学校进行了课堂教学文化的重新调整，聚焦学生核心素养，依据陶行知教育思想，致力于创设扎实、丰盈的"盈实课堂"。

（一）"盈实课堂"的实践与操作

"盈实课堂"是乐农新村小学教育集团"盈实语文"的产物和实践，是扎实的、本真的、原生态的课堂。

"盈实课堂"是扎实的课堂。扎实是课堂教学的根本，在各种丰富的教学资源充实着我们的教材时，我们要准确地把握教学目标，找准教学重点，让学生在深入知识的过程中经历丰富的情感体验，促进他们养成良好的态度、价值观。

"盈实课堂"是本真的课堂。"本真"是从教学的态度上来说的，他要求我们本着实事求是的态度在课堂教学中尊重学生实际，尊重教学实际，避免提前的渗透，避免矫情的暗示，避免走秀，避免花枪，而应更多地关注课堂生成的问题，关注学生真实的生活阅历，在学生现有的知识水平、思维能力、生活体验的基础上进行教学。

"盈实课堂"是原生态的课堂。课堂是真正的生命活动，应充满生命的激情。而要达到这种境界就必须还学生以自由精神，充分展示学生生命的原生态，我们要让学生好奇地问、让学生自由地想、让学生舒畅地说。"清水出芙蓉，天然去雕饰"，让我们的语文课堂教学切实提高学生的听说读写能力和语文素养，真正返璞归真，达到"原生态"的境界。

（二）"盈实课堂"的评价

根据"盈实课堂"的核心理念，学校从"学生学习行为"和"教师教学行为"两个方面制定"盈实课堂"评价标准，促进教师专业发展，引领课堂发展方向（表6-3）。

表6-3 "盈实课堂"评价表

授课时间：　　　　　　　　　授课人：　　　　　　　　　授课课题：

项目		评 价 标 准	权重	得分
学生学习行为（40）	学习状态	1. 参与学习活动的人数。学生全员参与学习活动，不游离于学习活动。	4	
		2. 参与学习活动的时间。学生全程参与学习活动，自主学习的时间要充分。	4	
		3. 参与学习活动的态度。学生积极主动地参与学习活动，感受到学习的乐趣。	4	
	学习方法	1. 听、说、读、写等语文实践活动充分、扎实，学练结合。	6	
		2. 能有效地参与接受性学习活动，能有效运用"自主·合作·探究"的学习方法。	6	
		3. 能将学习活动与生活经验相结合，有广泛搜集信息的意识，有一定搜集、处理信息的能力。	6	
	学习效果	1. 达到既定的课时学习目标，学生在教材内容的理解、表达方法或学习策略的运用等方面有新的收获。能顺利完成书面练习。负担合理。	4	
		2. 学生语文综合素养得到提高：积累了语言，提高了听说读写的能力，掌握了某种学习方法，获得了审美享受，受到了思想启迪等。	3	
		3. 学生带着问题参与课堂学习活动，带着继续学习探究的愿望走出课堂，学习的积极性得到进一步激发，创造精神和实践能力得到培养，对学习有成就感。	3	
教师教学行为（60）	教学态度	1. 面向全体学生，平等地对待每一个学生，关注学生的个体差异，关注学生的学习需要，促进学生全面持续发展。	5	
		2. 认真钻研教材、设计教学。从三个维度恰当确立教学目标。解读教材、确定目标、设计教学、教学实施都体现"工具性与人文性的统一"的语文学科特点。	5	
		3. 教学态度亲切、严谨，教学活动中的师生关系和谐融洽，教学有激情，热爱学生，重视并善于激发学生的学习兴趣。	5	
	教学过程	1. 遵循学生的认知规律和语文学习的规律，围绕目标，突出重点，体现年段特点。	6	

项目	评价标准	权重	得分
	2. 教师具有对学生进行听、说、读、写示范的素质，善于营造积极的教学氛围，能采用启发式教学，注重教给学生学习方法，对学生的反馈、评价、引导、点拨简明恰当。合理调控教学，既能尊重学生的独特体验，又能对学生进行正确的引导。	6	
	3. 教学过程清晰，启、承、转、合自然合理，张弛有度，能恰当地运用现代化的教学设备，教学手段的运用讲求实效。	6	
教学特色	1. 在正确、全面、深刻解读教材的基础之上，创造性地运用教材，设计教学，实施教学。	9	
	2. 学生对教学的评价积极，教师有成就感。	9	
	3. 形成具有明显个性特征的教学风格。教学有创意，并具有学习借鉴价值。	9	
总分		100	

二、创设"盈实节日"，丰富学生课余生活

根据学科特点和小学生身心发展的规律，通过创设"盈实节日"活动内容，积极探索节日活动的教学方法及实施策略，寻找培养小学生学习兴趣、理解、情感表现、行为习惯的方法，有效开发小学生学习潜能，使学生在节日活动的熏陶下读书明理，为今后做人、做事、做学问打下良好基础。

（一）"盈实节日"的实践与操作

"盈实节日"活动重在引导学生在丰富多彩的节日活动中关注语文学习，活动服务于"盈实语文"课程，也丰富了"盈实语文"的内涵。

"盈实节日"课程的智能价值：在该课程中，学生通过阅读、表演、艺术欣赏、动手操作、社会实践等多种方式的学习，全面培养了视觉能力、听觉能力、动作协调能力、语言表达能力、认识自我及适应环境的能力，思维得到发展，智力和创新能力得到提高。

"盈实节日"课程的情感价值：为学生提供多角度、多方面、多渠道的情感体验，让学生在阅读、欣赏、交流、实践中丰富情感，净化心灵，健全人格。具体内容见表 6-4。

表6-4 "盈实节日"课程内容设计表

节日名称	活动主题	活动目标	活动内容	参与学生	活动时间
拜师礼	"扬国学精粹,展乐小风采"	明确新学期的奋斗目标和对新一年级学生和新教师的欢迎,营造浓厚的开学气氛,为新学期创造一个良好的开端。	孔子诞辰日进行教育 1. 升旗仪式。 2. 拜师礼。 3. 朱砂开智。 4. 齐背《弟子规》。	一年级学生	9月
校庆	回顾·感恩·希望	通过五十周年校庆加强对外交流,扩大对外影响,提高学校的知名度,树立良好社会形象,争取各界大力支持,优化外部办学环境,拓展办学空间,加快学校发展。	1. 周年校庆专场文艺汇演。 2. 全校学生游园摊位活动。 3. 校庆暨晚会。	全校学生	9月
游学节	我们一起去游学	游学是学习的重要途径,通过读书交流、走出校门、边游边学等方式可以帮助学生启智、育德、励志。	游学月启动,秋季综合实践活动。	全校学生	10月
十岁礼	学会感恩,快乐成长——四年级"成长礼"活动	1. 通过活动,使学生回味自己的成长故事,体会父母养育的辛劳,学习感恩。 2. 通过活动,让学生展示自己的才能,体验成功的喜悦,学习珍惜。 3. 通过活动,使学生对自己的人生有所设计,学习承担责任。	1. 所有家长与孩子交换书信,互赠贺卡或礼物。 2. 感恩家长(拥抱、说"我爱您")。 3. 感恩师长(献花、赠言)。 4. 成长宣誓。 5. 齐唱《感恩的心》。	四年级全体学生	11月
读书节	"多读书,读好书,好读书"	通过开展读书活动,引导老师、学生一同参与读书活动,师生同建书香校园,推动阅读型学校、阅读型班级的建设。	1. 开展读书实践活动。 2. 开展"读书节",展示"书香校园"成果活动。 3. 开展评比活动,建立读书活动的激励机制。	全校学生	3月

节日名称	活动主题	活动目标	活动内容	参与学生	活动时间
游学节	我们一起去游学	游学是学习的重要途径，通过读书交流、走出校门、边游边学等方式可以帮助学生启智、育德、励志。	游学月启动，春季综合实践活动。	全校学生	4月
艺术节	快乐参与，体验快乐	通过开展丰富多彩的艺术活动，激发我校学生对艺术的兴趣和爱好，本次六一活动与艺术节融为一体，开展具有时代特征、校园特色、学生特点的艺术活动。	学校各个社团展演。	全校学生	5月
科技节	放飞科技梦想	让更多的学生参与到科技教育活动中来，进一步提高学生动手动脑的能力，推动我校科技教育活动的普及	各班进行"四小"活动。即小报创作、小制作、小发明、小论文比赛。	三到五年级学生	5月
游戏节	"乐在校园，美在心间"	乐于玩耍、实践之意，旨在让孩子们把动脑与动手相结合，把学校学习与社会实践相结合，把知识与运用相结合，在实践中学习，在实践中发展，培养孩子积极创新进取精神。	1. 跳跳球。 2. 滚南瓜。 3. 大脚掌。 4. 穿呼啦圈。 5. 袋鼠跳。 6. 摸石过河。	全校学生	6月
毕业典礼	"明礼友好，少年启航"	通过隆重而有意义的毕业典礼让毕业生表达对母校、对老师的感谢之情，以及对明天幸福生活的憧憬。	1. 音乐响起（《毕业歌》）主持人走上台。 2. 全体起立，奏唱国歌。 3. 领导代表讲话。 4. 毕业生代表讲话。 5. 教师代表讲话。 6. 宣布毕业生名单。 7. 颁发毕业证书。 8. 向老师献花合影。 9. 合唱《感恩的心》。	六年级学生	6月

（二）"盈实节日"的评价

"盈实节日"课程对学生的评价主要采用过程性评价。一是教师根据各个活动方案内容给予相应的评价表，进行具体评价。二是建立成长记录袋，让学生自己收集学习过程中反映自己成长的资料，如学习时收集到的资料，办的剪贴报，写的日记，家长、教师的评价等。以下以"盈实节日"课程中的"读书节"中的活动项目"童谣诵读"比赛为例（表6-5）。

表6-5 "读书节"活动项目童谣诵读评价表

班级	童谣名称	内容（2分）	表现力（2分）	语言（3分）	感情（2分）	仪态（1分）	小计
三（1）							
三（2）							
三（3）							
四（1）							
四（2）							
四（3）							
四（4）							
五（1）							
五（2）							
五（3）							
五（4）							
六（1）							
六（2）							
六（3）							

三、建设"盈实社团"，点燃语文学习兴趣

"盈实社团"是语文学习实践的重要组成部分，是学生交流语文的空间、展示自我的平台。

（一）"盈实社团"的实践与操作

学生犹如快乐的小鱼，来到乐小这个海洋。为让乐小学生和而不同，发现自己的潜能，学校成立了"盈实"社团，让学生如游鱼得水。具体活动见表6-6。

表 6-6 "盈实社团"活动设置表

社团名称	活动目的	活动内容
"小小诵读"社团	本社团为阅读社团诵读班，主要目标为： 1. 以语文学科教学、课外活动、课外阅读为主阵地，通过诵读，学习古代及现代优秀诗文，掌握、继承和弘扬民族精神和优秀文化。 2. 深入实施素质教育，创建良好的校园文化，营造浓郁的读书氛围，使我校全体师生在诵读中亲近，在热爱中弘扬，在弘扬中整合创新，让中华文化发扬光大。	发声发音、绕口令、礼仪教学（坐姿、站姿与走姿）、表演技巧、童谣表演、古诗学唱。
"阅读创作"社团	本社团为阅读社团创作班，主要目标为： 1. 通过活动，使学生爱读书，让书成为他们的朋友。 2. 从小养成热爱书籍，博览群书的好习惯，让他们的童年浸润在沁人心脾的书香里。	常规教育、按不同年级教师指导学生掌握几种阅读的技巧：一是精读法，包括比较阅读法、表达阅读法；二是略读法，包括浏览泛读法、提纲挈领法；三是快读法，包括无声视读法等，从而真正提高阅读的效率。
"钢骨墨韵"社团	本社团为书法社团精英班，主要目标为： 1. 进一步地提高学生的书法（楷书）的基本技能、基础知识，讲述书法作品的结构、章法、行款等要素，学生通过书法作品的创作有个性地表现自我。 2. 通过书法鉴赏课，让学生了解书法的演变过程，认识多种书体（书家），尝试书写篆书、隶书、行书。感受书法的多样美感。 3. 通过书法教学，让学生理解书法的现实意义，能运用书法艺术传递自己的情感与思想，表现自己对书法作品的审美感受，能融入广泛的书法艺术交流活动之中，分享书法成果。	第 1—5 周：楷书书法作品创作周，带领学生书写横幅、条幅、斗方、扇面、中堂等不同形式的作品。 第 5—6 周：书法鉴赏课，讲述书法演变过程，不同书体、书家的特点。 第 6—15 周：学习篆书作品周，了解篆书书法特点。
"星星墨苑"社团	本社团为书法社团兴趣班，主要目标为： 1. 了解书法的基本知识，掌握书写基本方法、技能，坐姿、立姿、执笔姿势正确，养成良好的写字习惯。 2. 学习汉字的笔画、偏旁、结构的特点，逐步把字写得正确、端正、整洁、行款整齐。 3. 培养学生爱好书法的兴趣，初步感受书法的艺术美。认识学习书法和继承书法艺术的重要意义。	第 1 周：为书法课程开班的招生作好准备。 第 2 周：介绍文房四宝及书法习惯（执笔、坐姿、用笔）。 第 3—6 周：学习楷书（颜勤礼碑）基本笔画和独体字的写法。 第 6—15 周：学习汉字偏旁部首和练习与偏旁对应的汉字。

（二）“盈实社团”评价

课程领导小组成员对每次活动进行不定期检查，并作记录；课程发展部和学生工作部组织各社团进行展示，评选出优秀社团进行奖励；开展“评、比、展”活动，让学生充分展示自己的才华和能力，获得成功的喜悦和满足；期末组织各种形式的成果汇报活动，并对社团进行综合评价，期间注意收集、保存图片等过程资料（见表6-7）。

表6-7 “盈实社团”综合评价表

年 月 日

社团名称	责任教师	活动设计（10）	教师技能（10）	学生参与率（30）	活动效果（30）	各项资料（20）	总分
“小小诵读”社							
“阅读创作”社							
“钢骨墨韵”社							
“星星墨苑”社							

四、“盈实之旅”，拓宽语文实践天地

“盈实之旅”就是利用一切可以利用的条件为学生营造浓厚的文化氛围，让学生在优美的环境中感受语文、学习语文。

（一）“盈实之旅”的实践与操作

“盈实之旅”让学生关注所见所闻、所思所想，每学期各年级向学校上报研学旅行方案，经学校批准后统一设置、分批进行。活动有集体、小组、亲子活动等形式。具体安排见表6-8。

表6-8 “盈实之旅”课程活动安排

年级	地点	时间	课程
一年级	合肥市野生动物园、合肥市植物园	3月、10月	观察自然
二年级	三国遗址公园	3月、10月	了解历史
三年级	安徽省地质博物馆	3月、10月	爱护地球
四年级	大蜀山烈士陵园	3月、10月	缅怀英雄
五年级	合肥市科技馆	3月、10月	科技创新
六年级	渡江战役纪念馆、安徽名人馆	3月、10月	感受历史

（二）"盈实之旅"的评价

"盈实之旅"在于培养学生的态度和能力，进而提高知识和技能。强调评价的激励性，鼓励学生发挥自己的个性特长，施展自己的才能，努力形成激励广大学生积极进取、勇于创新的氛围。采用多种方式，如对书面材料的评价与对学生的口头报告、活动、展示的评价相结合；教师评价与学生的自评、互评相结合；小组的评价与组内个人的评价相结合等。开放的"盈实之旅"评价在学生自我评价的基础上，应尽可能采用集体讨论和交流的形式，将个人和小组的经验及成果展示出来，并鼓励相互之间充分发表意见和评论。

"盈实语文"为学生提供了更多自主选择的内容与机会，拓宽了学生学习的视野；"盈实语文"为学生创造了更多表达表现的平台与时机，提供了丰富自我、展现自我的可能；"盈实语文"使得学生生命丰盈的同时，思维也得到了无限的延伸。

（撰稿人：裴文云　韩俊平）

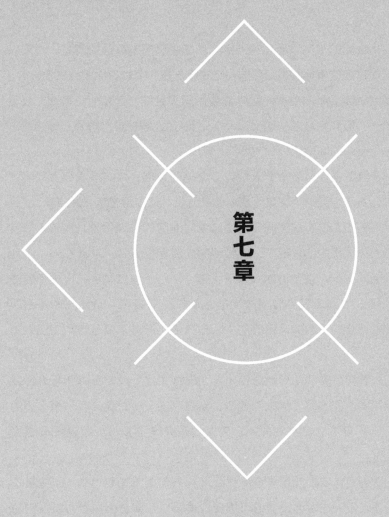

第七章

从时间自身的特征以及带给人们内心变化的角
度，来突破学校课程时间的固有安排，对于今天这
个瞬息万变的信息时代，无疑是有意义的探索。时
间跨界为儿童提供规划自己时间的可能性，时间跨
界为儿童对课程学习的持续兴趣提供支持，时间跨
界为儿童开放性、研究性等学习需求提供机会。

时间跨界：
学科课程的课时考量

时间，是物质的运动、变化的持续性、顺序性的表现。时间是人类用以描述物质运动过程或事件发生过程的一个参数，是一个较为抽象的概念。

高尔基通俗而又深刻地说，世界上最快而又最慢，最长而又最短，最平凡而又最珍贵，最容易被忽视而又最令人后悔的就是时间。他的一番话道出了人们在主观上对时间的认识与理解。

从时间自身的特征以及带给人们内心变化的角度，来突破学校课程时间的固有安排，对于今天这个瞬息万变的信息时代，无疑是有意义的探索。

时间的跨界提示课程的实施要关注儿童对时间的心理体验。在人们对某个问题注意力高度集中的情况下，会觉得时间流逝得太快；在人们对某个话题味同嚼蜡的情况下，会觉得时间过得太慢。从这个角度来说，一成不变的课时安排是可以依据课程内容而改变的。延长特别吸引儿童参与的课程时间，缩短离散儿童注意力的课程时间，以此满足儿童对学校及课堂生活的美好体验。

时间的跨界可以实现儿童对课程内容的连续关注。改变每隔四十分钟就调换一种学习内容的现状，采取跨课时、半日活动、一日活动，甚至一周活动的安排，让儿童能有足够的时间，深度地研究某个领域或跨领域的课程内容。

时间的跨界可以实现儿童对个体课程学习兴趣的觉知与追求。学校基于儿童年龄特点及发展需求而设置的可选择课程，让儿童在尝试参与过程中随着参与频次选择的变化，会逐渐明晰与时间方向性一致的某个特别有兴致的课程，进而显示出儿童自身在课程领域的独特专业性趋向。

时间的跨界可以实现儿童在课程学习中自我管理。培根说"合理安排时间，就等于节约时间"。儿童的日常主要表现为按照学校排定的课表，置身于固定的课堂，按照学校提供的多样课程选择其一二参与其中，按照家长或自己的设计利用好课外时间。无论在固定的课堂，可选择的课程，还是自主的安排，就时间而言都有一个自我管理的问题。学校及家庭的责任是引导儿童通过在课程与生活的过程中，体验到时间的顺序，懂得机不可失时不再来的道理，进而去珍视时间、利用时间。

"跃动生命"课程帮助学生建立生命与自我、与他人、与社会、与自然的和谐关系，在每一个经历的时光中完善健康人格，真正体悟到生命的价值和意义，形成安全、健康、快乐成长的生命意识，养成珍爱生命、尊重生命、发展生命的态度，树立积极的人生观和价值观，为其生命幸福和终身发展奠定基础。

跃动生命： 飞跃七彩童年

合肥市习友路小学成立于 2014 年，学校现有安徽省首家校园地震体验馆，消防教育馆一间、红十字教育馆一间、生命教育教室一间、体测教室一间；学校根据现有条件，成立了学校生命教育小组和《网络环境下小学生命教育模式的研究》省级课题小组，致力于生命教育活动的开展与研究。我校依据中共中央、国务院《关于深化教育教学改革全面提高义务教育质量的意见》，教育部《关于深化课程改革，落实立德树人根本任务的意见》精神，结合相关理论基础及实际资源，推进"跃动生命"课程建设，取得可喜成效。

第一节

认识生命的美好是幸福的源泉

一、课程特征

人的生命是最宝贵的。"跃动生命"就是让每一个孩子认识生命、尊重生命、感恩生命、保护生命、展现生命、珍爱生命，飞跃七彩童年。

小学生年龄小，处于学习知识的初期，对于生命的认知和生命的保护等了解较少，但是小学生记忆力好，学习效率高，在此阶段进行生命教育，教学效果会非常好。将生命教育纳入课程，开展基于生命的教育，是学校根据小学生的特征，在个体生命发展的过程中，帮助他们认识生命、爱护生命，发现生命的价值和意义，挖掘生命的潜能，彼此尊重和珍爱生命，并在交互影响中实现展示生命、幸福生活的一种教育活动。本课程具有如下基本特征：

（一）综合性

"跃动生命课程"是以学生个体活动为圆心，以认识生命、尊重生命、感恩生命、保护生命、展示生命、珍爱生命为主线，根据学生不同年龄阶段身心特点和年级实际需要设置的综合性课程。

综合性体现在生命教育内容的综合、课程类型的综合、课程实施途径的综合、教育形式的灵活多样和各种教育资源的拓展整合上。

（二）实践性

生命教育是有着明确价值追求而又涵盖多重主题的教育实践。它不仅通过语言或言论，而且更多地通过生活实践来教育人，既源于现实生活又高于现实生活，这决定了生命教育必须是围绕现实生活而展开的各种实践教育活动，从而给人以心灵震撼和人格陶冶，给人以实用可行的方法和技能，促进人的成长和发展。

生命教育的实践活动主要体现为课堂活动和课外活动两种形式，无论哪种活动形式，都必须强调活动的真实性和体验性，只有真实，孩子们才能从实践活动中获得真知、真情、真感，才能使学生感受到生命的意义，体验到生命的价值。

（三）人文性

生命教育是一种全人教育，是以人的个体生命为本位，根据不同年龄阶段的身心发展需要确定教育目标，并体现生命关怀的一门课程。其设置和实施充分体现了"人"的自身价值在教育活动中的首要位置，围绕直面人的生命、关怀人的生命、提高人的生命、关注学生情感世界、生命意义的建构和生成而展开的，在教育中将人提高到"人"的高度，最终把人还原为"人"，达到人的自我实现，进而使学生体验到人生的意义与乐趣，帮助学生获得身心和谐持续的发展。

（四）开放性

生命教育是一种动态的、开发的、生成性的教育，具体表现在多方整合拓展的教育内容、灵活多样的教育形式、注重开放性与现场生成性的教育过程、多元多样的教育评价、从课堂到家庭到社区及青少年活动基地广泛延伸的教育时空。这些都给教师和学生提供了选择的机会和创新的空间，使课程可以在最大程度上满足不同年级、不同经验背景的学生学习需要。这种开放性还表现在引导学生学会利用广泛存在于学校、家庭、社会、自然中的多种资源进行学习、体验内化。只有将生命教育的课程放到广阔的社会、时代与文化背景当中，帮助他们不断扩展并丰富学习经历，积累生活经验，体验生活意义，才能真正促进个体生命成长，实现生命教育的目的。

二、课程理念

本课程的理念是利用现有的资源，根据不同年龄段学生的特点，引导学生认识生命的起源，发现生命的美好，了解人类与大自然的关系，懂得活着的意义，学会保护生命。

（一）以认识生命为基础，发现生命的起源和美好

生命是鲜活而不可逆的，其个体形式是具体的、独特的、丰富的，每一

个生命个体都有别于其他生命个体的天赋、兴趣和爱好。每位学生对"生命"的感知不同，在遇到问题的时候看法和态度也不相同。"跃动生命"课程旨在引导学生清醒地认识生命、了解相关知识，尊重自己和他人的生命权，以饱满的情绪投入到当下的学习与生活中，进而感受到生命的美好，珍惜生命。

（二）以平等为前提，尊重生命的多样性和独特性

生命在总体上具有多样性。本课程强调要热爱自然，保护环境，不将人类个人意志强加给其他生命，创造一种"天人合一"的和谐境界。生命对于个体来说，是独一无二的、生而平等的，每一个个体都有存在、生活、发展的权利。任何人都没有理由和权力轻视、无视、蔑视任何一个个体生命。尊重生命体现在尊重个体生命的独特性、差异性，尊重生命的多样性及其共在的生命世界。因此，本课程提出不分地域、国家、种族、物种，无论贫富、有无残疾都要平等地对待每一个生命个体，使他们获得生命的尊严，这是生命公平、公正的体现。

（三）以生命为本为核心，倡导生命关怀，提升生命价值

以生命为本的理念强调在课程建构中要回到生命之中，遵循生命之道，以关爱生命、感恩自然、追求生命的意义为核心，不仅要关怀自己的生命，还要关怀他人的生命，不仅要关怀人类的生命，还要关怀其他物种的生命，使万物和谐共生，以实现生命快乐、幸福、自由地发展。基于这一思想，本课程强调教师要努力为学生创造一个健康、和谐、愉悦、民主、宽松的生命成长空间，无条件地接纳所有的孩子，引导学生用客观的态度看待死亡现象，从而使他们更加珍爱生命，珍惜人生，体悟生命的价值。

（四）以回归生活为基点，坚持生命教育无痕

生命教育是基于生活实践的教育。生命以生活为载体，生活是人的生命存在形式，人在生活中舒展着自己的生命，体验着自己的生存状态，享受着生命的快乐和生活乐趣。因此，生命教育要立足于学生的生活实际，以他们现实生活中的问题、事件等为内容，遵循理论与生活统一的原则，采取活动、体验、启发、陶冶、实践等方式引导学生进行潜移默化、润物无声地体验生命的意义及价值，使学生在体验中认同、内省和自悟，而不是强硬的教化和驯化。学生只有在这种无痕的活动和体验中接受教育，才能产生共鸣。

（五） 以和谐为目标，营造健康的生命环境

生命教育是在学生生命的历程中进行的，一个健全的生命会在社会、自然、自我之中获得养料和力量，继而成长和发展。生命向内探索构成了生命与自我的关系，生命向外探索构成了生命与他人、生命与社会和生命与自然的关系。对生命的理解、珍爱、关怀、敬畏与欣赏，是在生命与自我、生命与他人、生命与社会、生命与自然这四种关系中得以体现的。因此，生命教育课程要帮助学生追求并建立这种人与自我、人与人、人与社会、人与自然的和谐境界，尊重、爱护自然界、社会中的各种生命体，领悟建立和谐、良好、健康的共生环境的重要意义，这也是生命教育的课程目标。

（六） 以自主探究为路径，促进个体生命全面、充分、可持续发展

自主性是生命教育的基本方式，人的生命成长是自主、能动的，每一个个体都具有自主权，包括人的生理发展和精神发展都是任何人不能代替的，发展的主动权只能在自身。生命教育强调在教育教学活动中，把生命教育的主动权归还给学生，给他们提供主动探索、分组探究、分类指导，使学生的生命处于最大限度的主动激活状态。因此，生命教育应挖掘学生的生命潜能，尽可能地适合每个学生，使其得到全面充分的发展，为他们实现人生最大价值奠定基础。

第二节

在对话中奠定
生命基石

一、课程总目标

生命教育课程面向全体学生，旨在引导学生认识生命发生发展的现象和规律，使学生乐于学习和掌握必要的生存技能，帮助他们建立生命与自我、生命与他人、生命与社会、生命与自然的和谐关系，树立科学的生命观，形成珍爱生命、尊重生命、发展生命的态度和安全、健康、快乐成长的生命意识。同时，培养学生具有关爱环境、珍惜资源、尊重人类文化的多样性和关注全球发展的责任意识，并学会交往、学会合作、学会做人，进而使学生形成积极的人生观和价值观，真正体悟到生命的价值和意义，完善健康人格，为其体验生命幸福和终身发展奠定基础。

（一）情感、态度与价值观

1. 培养学生尊重生命、尊重自然、尊重社会、尊重他人的可持续发展的价值观、责任感与行为方式。

2. 树立科学的生命观，反对宿命论，能够不断地进行生命的自我体验和省思，体悟生命的神圣与可贵，培养乐观主义的生命态度。

3. 增强学生欣赏和热爱自己与他人的生命的意识，珍惜生命的存在，期待生命的美好，保护生命，发展生命，提高生命的价值和意义。

4. 逐步树立珍惜资源、爱护自然的意识和环境伦理价值观，逐步养成关心和爱护其他生命及自然环境的行为习惯。

5. 培养学生自信开朗、善于沟通与合作的社会适应能力，引导他们把对生命的关怀和热爱惠及他人和自然，能勇敢地面对挫折，具有坚强的意志。

6. 引导学生积极关注社会，不分种族、国家、地域，平等友好相处，善于帮助弱势群体，具有正义感和宽广的人类情怀。

（二）认知与技能

1. 生命与自我关系的教育。引导学生了解生命的起源和个体生命的孕育以及生命中的各种生理和心理现象；认识生命的特性和发展规律；认识两性差异；学会自我情绪的表达与控制；了解个体身心发展的规律，掌握促进身心健康的方法；掌握日常生活中的技能，学会保护自己，形成良好的生活方式和行为习惯；能规划自己的人生价值。

2. 生命与他人关系的教育。引导学生熟悉开放的国际视野下与他人相处的法则；认识个体生命的共在性以及他人存在对自己生命的意义和价值；学会人与人之间和谐相处，相互关心、共同合作、彼此尊重、善于沟通；同情弱小，积极面对人际冲突，树立宽容意识；尊重人与人之间的差异，发展健康的人际关系。

3. 生命与社会关系的教育。作为一个社会性存在，个体生命首先要社会化，适应社会的要求。生命教育课程引导学生了解不同社会和文化背景下，不同种族的个体生活方式；学会处理个人与集体的关系，既要维护个体的正当权益、权利和自由，又要遵守所在群体社会的制度、规范，培养社会责任感、使命感和正义感；引导学生思考死亡与人生的问题，正确认识生与死的关系，树立正确的生命观；还要了解世界的伦理，关心人类的生存危机，树立地球村的观念，实现全方位对生命意义的理解。

4. 生命与自然关系的教育。引导学生了解人与自然的关系；认识到每个生命个体都有存在的权利，尊重生命的多样性；爱护环境，善待自然，建立生命共同体，实践保护地球的守则；维持自然生态平衡，形成健康的消费观念，实现人与自然的和谐即可持续发展。

二、学科课程年级目标

结合总目标，根据我校的资源和学情，制定 1—6 年级目标，具体见表 7-1。

表 7 - 1 合肥市习友路小学"跃动生命"课程年级目标

年级	学期	课 程 目 标
一年级	上学期	1. 认识陆地上的生命，了解生命的分类； 2. 了解植物的种类，认识常见的绿叶植物； 3. 了解花的种类，认识花的结构； 4. 了解哺乳动物的特征，知道常见的哺乳动物的名称和外形特点； 5. 了解海洋，认识海洋中的动物分类； 6. 了解常见的鱼类，淡水鱼和海水鱼的特征和习性； 7. 了解常见的鸟类和它们的生活习性； 8. 总结：认识每个生命个体都有存在的权利，尊重生命的多样性。
	下学期	1. 了解人类的起源； 2. 一岁孩子的特征； 3. 两岁孩子的特征； 4. 三岁孩子的特征； 5. 四岁孩子的特征； 6. 五岁孩子的特征； 7. 六岁孩子的特征； 8. 总结：每一个生命都是唯一的，能健健康康地长大是不容易的。
二年级	上学期	1. 认识青蛙，了解它们的种类； 2. 认识蜻蜓，了解蜻蜓的种类和生活习性； 3. 认识海豚，了解它们的种类和生活习性； 4. 认识狗，了解它们的种类和生活习性； 5. 认识牛，了解它们的种类和生活习性； 6. 认识燕子，了解它们的种类和生活习性； 7. 认识蜜蜂，了解它们的种类和生活习性； 8. 总结：懂得善待小动物，知道它们是人类的好朋友，要从小建立生命共同体，实践保护地球的守则。
	下学期	1. 认识我们的衣物，了解衣物材料的选择对身体健康的影响； 2. 认识我们的食物，了解哪些食品是健康的，哪些是不健康的； 3. 认识我们的房屋，了解不同地域的房子的外形特点和结构； 4. 认识我们的交通工具，了解出行的安全知识； 5. 认识我们的运动，了解常见运动的种类； 6. 认识我们的环境设施，了解它们的作用； 7. 认识我们的自然环境，了解七大洲和四大洋； 8. 总结：认识生存法则，学会健康成长的基本方法。

年级	学期	课　程　目　标
三年级	上学期	1. 学会与同桌、同学相处，关心同学，以诚待人； 2. 尊敬老师，认真聆听老师教诲； 3. 敬爱父母，能做力所能及的家务，为父母减轻负担； 4. 爱护兄弟姐妹，以身作则； 5. 尊重社会服务人员，爱惜他们的劳动成果； 6. 热爱国家，做个合格的小公民； 7. 热爱家乡，做个文明的市民； 8. 总结：学会人与人之间和谐相处，相互关心、共同合作、彼此尊重、善于沟通。
	下学期	1. 学会整理自己的衣服，进行分类； 2. 学会整理房间； 3. 学会洗自己的小衣服； 4. 学会洗碗； 5. 学会打扫教室； 6. 学会做几样简单的家常菜； 7. 学会几种给父母按摩的手势； 8. 总结：学会几种照顾自己的基本技能，学会照顾别人，爱自己，也能为别人做一些事。
四年级	上学期	1. 正确使用电器； 2. 正确使用燃气电器； 3. 乘坐公共交通的注意事项； 4. 认识盲道； 5. 学会打 110、120、119； 6. 认识灭火器的种类，学会使用灭火器； 7. 认识毒品，了解分类和危害。
	下学期	1. 学会地震逃生的技巧； 2. 学会火灾逃生的技巧； 3. 学会公交逃生的技巧； 4. 懂得防溺水的方法； 5. 了解对男生女生的侵害，懂得防侵害的方法； 6. 了解心跳复苏，学会简单方法； 7. 学会简单包扎的方法。

跨界课程：学科课程的边界拓展

年级	学期	课程目标
五年级	上学期	1. 了解绘画的种类； 2. 学会基本剪纸； 3. 学会简单泥塑； 4. 欣赏著名美术作品，感受生命美好； 5. 认识中国画； 6. 学会简单的美术字； 7. 学会简单的宣纸印染方法。
	下学期	1. 学习竖笛； 2. 学习陶笛； 3. 学唱赞美生命的歌曲； 4. 欣赏讴歌生命的歌曲； 5. 学习打击乐器； 6. 欣赏著名舞蹈，学习简单动作； 7. 创编歌词，讴歌生命。
六年级	上学期	1. 学习真诚； 2. 学习信任； 3. 了解嫉妒； 4. 了解歧视； 5. 认识误解； 6. 学习成功； 7. 认识失败。
	下学期	1. 男生的成长； 2. 女生的成长； 3. 学会理性追星； 4. 辨别游戏的种类和危害； 5. 如何合理使用手机； 6. 怎样花钱； 7. 认识霸凌的种类。

第三节

在体验中懂得珍视生命

  生命教育是跨界融合的课程，需要根据学生的年龄特征来进行。我校的跃动生命课程包含："认识生命"、"尊重生命"、"感恩生命"、"保护生命"、"展示生命"和"珍爱生命"六个部分。

一、学科课程结构

  "跃动生命"围绕课程结构设计了相应的课程。具体结构见图 7-1。

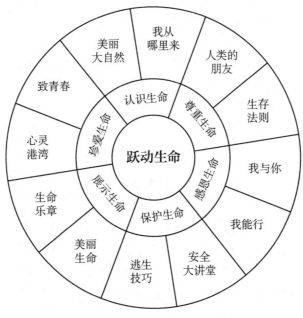

图 7-1　合肥市习友路小学"跃动生命"课程结构图

"认识生命"，让学生了解到每一个生命都是唯一的，能健健康康地长大是不容易的。每个生命个体都有存在的权利，要尊重生命的多样性；

"尊重生命"，懂得善待小动物，知道它们是人类的好朋友，要从小建立生命共同体意识，实践保护地球的守则；

"感恩生命"，学会人与人之间和谐相处，相互关心、共同合作、彼此尊重、善于沟通；学会照顾自己的基本技能，学会照顾别人，爱自己，也能为别人做一些事。

"保护生命"，学习各种安全知识，学会保护自己的基本技能，了解重大灾害和事故的逃生技巧。

"展示生命"，观赏、绘画大自然，增强学生欣赏和热爱自己与他人的生命，珍惜生命的存在；演唱和欣赏，培养学生开朗合群、善于沟通与合作的社会适应能力，展示美好的生命。

"珍爱生命"，进行青春期教育和心理健康教育，帮助学生平稳度过青春期初期，学会调节情绪的方法，学会沟通和倾诉，珍爱生命。

二、学科课程设置

为了让生命教育落到实处，通过具体课程内容进入课程表，保障学生生命教育的课时。学科课程设置具体见表 7 - 2。

表 7 - 2　合肥市习友路小学"跃动生命"课程设置表

年级	学期	课程类别	课程内容
一年级	上学期	美丽大自然	（1）陆地生命 （2）绿叶植物 （3）花 （4）哺乳动物 （5）海洋动物 （6）淡水鱼和海水鱼 （7）鸟类 （8）实践考核
	下学期	我从哪里来	（1）人类的起源 （2）一岁孩子 （3）两岁孩子 （4）三岁孩子

年级	学期	课程类别	课程内容
			（5）四岁孩子 （6）五岁孩子 （7）六岁孩子 （8）实践考核
二年级	上学期	人类的朋友	（1）青蛙 （2）蜻蜓 （3）海豚 （4）狗 （5）牛 （6）燕子 （7）蜜蜂 （8）实践考核
	下学期	生存法则	（1）衣物 （2）食物 （3）房屋 （4）交通工具 （5）运动 （6）环境设施 （7）自然环境 （8）实践考核
三年级	上学期	我与你	（1）我与同学 （2）我与老师 （3）我与父母 （4）我与兄弟姐妹 （5）我与社会 （6）我与国家 （7）我与家乡 （8）实践考核
	下学期	我能行	（1）整理衣服 （2）整理房间 （3）洗衣服 （4）洗碗 （5）打扫教室 （6）做家常菜 （7）给父母按摩 （8）实践考核

跨界课程：学科课程的边界拓展

年级	学期	课程类别	课程内容
四年级	上学期	安全大讲堂	（1）使用电器 （2）使用燃气电器 （3）乘坐公共交通 （4）盲道 （5）110、120、119 电话使用 （6）灭火器 （7）毒品 （8）实践考核
	下学期	逃生技巧	（1）地震逃生 （2）火灾逃生 （3）公交逃生 （4）防溺水 （5）防侵害 （6）心跳复苏 （7）包扎 （8）实践考核
五年级	上学期	美丽生命	（1）绘画 （2）剪纸 （3）泥塑 （4）欣赏 （5）国画 （6）美术字 （7）印染 （8）实践考核
	下学期	生命乐章	（1）竖笛 （2）陶笛 （3）歌曲 （4）欣赏 （5）打击乐器 （6）舞蹈 （7）创编 （8）实践考核
六年级	上学期	心灵港湾	（1）真诚 （2）信任 （3）嫉妒 （4）歧视 （5）误解

年级	学期	课程类别	课程内容
			（6）成功 （7）失败 （8）实践考核
	下学期	致青春	（1）男生 （2）女生 （3）追星 （4）游戏 （5）手机 （6）花钱 （7）霸凌 （8）实践考核

第四节

在实践中感受
生命的跃动

一、打造"跃动课堂"，彰显生命课堂魅力

（一）"跃动课堂"的基本要求

"跃动生命"课堂是合作探究对话共鸣的课堂。教师把生命教育的基本理念转化为自己的教学行为，处理好学科知识与生命教育的关系，注重启发学生积极思考、合作对话；激发学生对生命教育的探究欲望，挖掘学生对于生命认识的潜能，鼓励学生大胆表达表现自己的观点；创造性地利用生命教育资源，支持学生体验、实践；关注学生的个体差异，关注学生的心理变化，使每个学生都认识到生命的美好。

（二）"跃动课堂"的推进策略

一是时间上有保障。学校在每一个双周，面向全体教师学生开设一节"跃动生命"课程活动课。二是师资培训有力度。"跃动生命"针对课程动态实施的需要，通过研讨式、跨界式培训，让教师掌握校本课程的基本原理，促进教师不断拓宽知识面，为课程开发提供知识和智力上的支持。

（三）"跃动课堂"的评价标准

1. 对于学校校本课程的评价，遵循"四重"、"四性"原则。"四重"即重过程、重应用、重亲身体验、重全员参与；"四性"是指过程性、激励性、丰富性和多样性。评价程序的过程性是指将评价贯穿于校本课程开发与实施的全过程，重点评价教师参与课程开发与实施的积极性，评价学生的参与体会。评价方式的激励性是指结合学生的活动过程及研究结果进行评价，鼓励学生发挥特长，施展才能，创设有利于学生可持续发展的学习组织与学习环境。评价内容的丰富性是指根据学生在校本课程中参与程度、学习态度、实践体验、方法和技能的掌握进行全面评价。评价手段的多样性是指评价采取教师评价与学生自评、互评相结合，书面材料评价与学生口头评价、活动展示评价相结合，定性评价与定量评价相结合等方法。

2. 对教师课程实施的评价。通过听课、查阅资料、调查访问等形式，对教师进行考核，并记入教师业务档案。教师做到"四有"：有计划、有进度、有教案、有对学生的考勤评价记录。教师应该按学校《跃动生命课程开发纲要》的要求，完成周期内规定的教学任务，达到校本课程规定的课时数与教学目标。教师应有资料意识，整理学生学习档案，妥善保管学生成果资料袋。任课教师要认真写好教学反思，及时总结经验。

3. 对学生课程学习的评价，主要采取"三看"：看学生学时总量；看学生在学习过程中的表现、态度等；看学生的学习成果。

跃动生命课程不采用书面考试或考查方法，但要做好考勤评价记录。对教师在教学过程中的学习成效进行评价，采用"优秀、良好、继续努力"的正面评价形式。对学生进行实践环节考核方式，填写评价表；学生成果还可通过队内交流、学校比赛等多种形式展示，成绩优秀者可将其成果记入学生档案。

据此，我们设计了"跃动课堂评价量表"（见表7-3）和实践活动环节学生考核表（见表7-4），以量化的方式对课堂进行评价。

表7-3 合肥市习友路小学"跃动课堂"评价量表

执教者		课题		年级		
项目	评价标准			等级标准		
				优秀	良好	努力
教学思想	1. 从全面生命教育的理念出发，注重学生生命教育的均衡发展。 2. 教师主导与学生主体作用得到较好的发挥，恰当地处理好教与学的关系。					
教学目标	1. 生命教育目标明确，三维目标与之有机结合。 2. 符合小学生年龄、学习特点，能促进学生的学习和发展。					

跨界课程：学科课程的边界拓展

项目		评价标准	等级标准		
			优秀	良好	努力
教学内容		1. 具体明确，能按照本年级的生命教育目标，分类别展开教学。 2. 准确把握生命教育的教学重点、难点和关键，选用合适的案例和教材，体现教材的思想。			
教学过程	教师行为	1. 有效组织科学探究活动，引导学生亲历科学活动的全过程。 2. 有序组织小组合作学习，对学生进行科学探究方法指导，知识拓展得当，生成问题运用合理，调控学生的讨论方向、时间和深度。 3. 教学计划性强，综合运用教学方法，直观教学（实验演示等）、多媒体教学手段运用恰当、合理。			
	学生行为	1. 能自主发现问题，提出猜想与假设，并积极参与到生命教育活动中。 2. 在学习中，善于合作，互帮互学，能主动搜索、提供生命教育素材。 3. 在交流过程中，能清晰地阐述自己的观点，敢于提出自己的想法，思维有条理性，见解和问题有独创性。			
	师生互动	1. 教师创设自由、平等、民主、和谐的生命课堂学习氛围。 2. 学生主动合作，主动学习、交流，充分参与到生命教育课堂中。 3. 师生关系和谐融洽，教与学相互配合、相互适应、相互促进、协调发展。			
教师素质		1. 举止大方得体，教态亲切自然，语言准确规范。 2. 具有丰厚的知识底蕴，教学基本功扎实。			
教学效果		1. 80％的学生对于本节课的知识、技能当堂听懂学会或掌握。 2. 大部分学生在学习过程中有积极愉悦的心理体验。 3. 本节课的学习能为学生的后续学习产生积极影响。			
教学改革		1. 依据有效课堂教学基本环节设计教学流程。 2. 正确运用课件、相关素材等指导学生课堂学习活动。			
简要评价			总评		

表7-4 合肥市习友路小学"跃动课堂"实践活动环节学生考核表

姓名		班级		课程名称	
学期		科目		指导老师	

实践环节主要内容和简要总结：

考核评语：

二、开展"跃动活动"，培养学生保护生命的技能

要让学生学到更多自救、自护的知识，保护自己和他人，仅仅靠我们老师的知识是远远不够的。于是，我校整合多方资源，和多个团体、部门合作，用他们的专业知识引领我校开拓更加专业、更加丰富的生命教育模式。

1. 和安徽省红十字协会合作，建成并投入使用了安徽省首家也是唯一一家校园地震体验馆，学生从模拟地震体验中，学到了地震包里应该装什么，家里有哪些地震安全隐患，遇到地震有哪些正确的逃生模式，这些都是在书本和其他场合学不到的，一旦地震发生，同学们可以最大限度地运用学到的知识，保护自己的生命；

2. 和交警大队建立长期警民合作关系，定期带领学生到交警大队参观、看录像，邀请交警进校园、进课堂，学习交通安全知识，树立遵守交通规则就是最好的保护自己的方法意识；

3. 邀请消防战士、禁毒大队进校园传授火灾逃生知识、毒品危害知识，让学生从小就知道火灾、毒品的危害，从小在生活中就注意避免火灾，拒绝、远离毒品，珍爱生命，保护自己不受到火灾和毒品的伤害；

4. 邀请志愿者专门对女童进行了关爱女童的活动，让女孩子们知道背心

和短裤覆盖的地方不允许别人触摸，遇到坏人怎样求救，从小要自爱、自护；

5. 针对肥胖学生进行的"小胖享瘦"专题节目，让学生了解到肥胖对身体的危害，学会怎样合理健康饮食，做一个健康、快乐的孩子。

三、建设"跃动课程社团"，培养学生爱护生命的能力

学校的社团活动是依据学生的兴趣和特长建立起来的团体，活动的开展有利于学生的个性完善和学生综合素质的提高。为此，我校成立了啦啦操、乒乓球、合唱、陶笛、科幻画、海底世界等社团，啦啦操、乒乓球等体育类社团帮助学生锻炼身体，展示力量与美的结合；合唱、陶笛等音乐类社团让学生欣赏和学习讴歌生命的优秀音乐作品；科幻画是描绘美好的生命；海底世界等社团让学生认识海洋生命，感受生命的多样，尊重生命。这些社团可以让学生从中认识生命，讴歌生命、保护生命。社团时间统一为每周五下午，时间为 90 分钟，让学生通过丰富多彩的社团活动，受到点滴生命教育。

表 7-5　合肥市习友路小学"跃动生命"社团活动记录表

时间		应到人数		实到人数		缺席原因	
活动内容							
活动过程记录							
		（照片）					
活动效果							

四、打造"跃动生命"品牌赛事

将跃动生命课堂延伸到学校和外部活动中，开展赞美生命、讴歌生命、传播生命教育。

学校每年1月举行"唱响生命之歌"合唱比赛，每年3月举行"阳春三月赛诗会"，每月举行一次防空疏散演练，定期到地震馆进行地震体验，分年级到消防教室学习消防知识，到红十字教室学习急救知识，开展急救知识大赛，举行"生命在于运动"等锻炼性活动。这些赛事是生命课堂和生命教育的延伸，在充满挑战与趣味的活动中，每个孩子通过歌唱、朗诵，赞美生命和讴歌生命；通过演练、体验，感受生命的宝贵与美好；通过习得安全技能，感受保护生命的重要；在体育赛事中，感受时间的宝贵及生命的力量。品牌赛事将课堂所学更好地应用于生活实践，让学生真正学会保护自己、珍惜时间、热爱生命。

总之，通过分年级、分学科的跨界重组，通过课程时间的调整与突破，"跃动生命"课程以生命教育为主线，以多元化内容为载体，引领学生对生存、生活、生命进行探寻，在真实情境中学会懂得珍惜时光、珍爱生命，努力成为一个健康活泼、积极向上的人！

（撰稿人：裴文云 范从庆）

第八章

列斐伏尔把物质的、精神的、社会的空间看作是一个整体。空间跨界使得课程的物质资源因连接而宽广，课程的自然资源因跨界而突破了课堂及学校的边界。空间跨界使得课程的观念资源因连接而丰厚，课程的精神资源因跨界而实现了观念与经验的连接。

空间跨界：
学科课程的资源开放

空间是与时间相对的一种物质客观存在形式。列斐伏尔用一种空间的思考方式，把物质的、精神的、社会的空间看作是一个事物的整体。无论是自然、精神还是社会，只有通过总体的方法才能得到整体的理解，它们三者同时被看做是真实的和想象的、具体的和抽象的、实在的和隐喻的存在。列斐伏尔认为真正的空间知识应该是空间的时间、空间的表征和再现性空间连接起来，使得任何社会个体在各种空间之间保持清醒并游刃有余。

从空间的角度对学科课程资源的分析，可以从物质资源、观念资源、实践资源三个层面进行。

空间跨界将课程的物质资源建立连接，使其变得更加宽广。课程的物质或自然资源，因跨界突破了课堂及学校的边界，打通了班级与班级之间、班级与学校之间，学校与学校之间、学校与社区之间的连接，使得儿童学习的物质资源变得宽广，儿童的学习既可以在班级、学校中发生，也可以在社区中的图书馆、美术馆、博物馆里发生，还可以在因网络社会而产生的流动空间中发生。

空间跨界将课程的观念资源建立连接，使其变得更加丰厚。课程的精神空间资源，因跨界实现了想象与构建的连接、观念与经验的连接。儿童的学习不仅仅是知识记忆的累积，更重要的是通过思考获取对世界的概括性认识，通过想象实现在已有知识与经验上的创造，通过不断反思自己的言行达成自己独有且可行的认识世界的逻辑体系，进而使得个体生命在精神层面更加丰厚。

空间跨界将课程的实践资源建立连接，使其变得更加盈实。课程即生活，是儿童生活的一部分。空间跨界使得课程的社会资源，与儿童所关心的事情联系起来，使之成为开放的亲历性空间。儿童在课程学习中，能参与过程的设计、实施和评价，是儿童对学习生活在实践层面上的把握，使得儿童理解自己在学习什么，应该怎样去学习，学的结果如何。

"创意·AI"课程通过组织全校普及性创意 AI 作品竞赛，拓宽儿童学习的物质资源；通过开展多种信息技术社团，拓展儿童学习的观念资源；通过组织学生听 AI 智能专家的故事、听 AI 知识科普讲座，进入高校参观 AI 实验室、走近科研企业、完成网上电子作品，为班级设计制作智能班牌、建设智能气象观测站等，拓展了儿童学习的空间资源。

创意 · AI： 信息的创新应用与计算思维培养

合肥市西园新村小学北校信息技术学科教研组现有教师 5 人，均为中青年教师，其中市级骨干教师 1 人。组内老师多次在全国新媒体新技术教学应用大赛、信息技术与学科融合大赛以及市、区级信息技术课堂教学评比中获得优异成绩。近两年五位老师辅导学生参加各级信息学竞赛、电脑制作、机器人大赛等活动中获奖共计百余人次。

学校在严格按照国家课程标准从三年级开始设置信息技术课程外，还编写了一二年级信息技术校本教材，并开设了相应的社团。

第一节

在自主创造中
拥抱未来

一、学科课程价值观

中共中央、国务院《关于深化教育教学改革全面提高义务教育质量的意见》中要求：促进信息技术与教育教学融合应用。推进"教育＋互联网"发展，按照服务教师教学、服务学生学习、服务学校管理的要求，建立覆盖义务教育各年级各学科的数字教育资源体系。加快数字校园建设，积极探索基于互联网的教学。教育部颁发的《中小学信息技术课程指导纲要（试行）》（以下简称《纲要》）指出，义务教育阶段信息技术课程的有效实施可以提高学生利用信息技术有效开展各学科学习和探究活动、积极参与社会实践、主动进行终身学习的能力；可以拓展学生适应现代社会生活所需的信息技术技能，巩固信息素养和技术创新意识；对于培养国家建设和国际竞争所需要的信息技术人才、提高全社会的科技文化水平具有非常重要的奠基作用。据此，我校为培养信息时代的合格公民，致力于营造良好的信息环境，提出信息技术课程价值观：在自主创造中拥抱未来。

二、学科课程理念

为了落实《纲要》及学校信息技术课程价值观，学校提出"计算思维助力创意创想"的课程理念，推出旨在培养学生技术创新意识和思维能力培养的"创意·AI"课程。

（一）"创意·AI"是激发学生创作欲望的课程

学生在信息课堂和日常生活中会接触到各种各样有趣的、感兴趣的软件，随着信息技术不断发展、软件的更新换代，各种软件的操作性越来越强，学生对于软件的使用方法不再难以掌握，如何能够用好这些软件，将软件玩出花样与新鲜感是很多学生进一步思考的问题。

"创意·AI"根据学生年龄特点，结合不同的软件引导学生对文、图、音频、视频等各种数据进行加工处理，在交流与合作中，创作出具有个人特色的作品；同时可以借助于新技术与新设备，降低学生创意实现的难度，并由此激发学生的创作激情。

（二）"创意·AI"是培养学生计算思维的课程

美国卡内基·梅隆大学计算机科学系主任周以真教授指出：计算思维是运用计算机科学的基础概念进行问题求解、系统设计、以及人类行为理解等涵盖计算机科学之广度的一系列思维活动。计算思维吸取了问题解决所采用的一般数学思维方法，这种思维方式不仅仅属于计算机科学家，而是实际存在于我们每个人的生活当中。计算思维的形成可以帮助学生建立良好的思维逻辑性，在复杂新鲜事物的学习上会更加反应聪敏，快速找出问题现象，在数理化学习上也能起到辅助作用。

"创意·AI"以计算思维启蒙为主，从 Scratch、 C++等程序设计语言入手，引导学生从具象的感知延伸到抽象思维的形成，也为后期学生计算思维的形成打下基础。

（三）"创意·AI"是帮助学生自我学习持续发展的课程

信息技术学科不同于其他学科，是以培养学生信息素养和信息技术操作能力为主要目标的，具有工具性和基础性特点。我们希望学生能够通过信息技术课程的学习，形成信息意识，在今后各门学科乃至全部教育活动中可以合理地应用信息技术。

"创意·AI"将信息技术内容融入到学生学习生活和校园活动中，采取多元化学习方式培养学生的信息意识，这种学习并不是为了短期优化效果，而是为了帮助学生形成有效解决问题的意识和能力。

综上所述，"创意·AI"是以培养学生计算思维为核心，激发学生创作欲望，利用信息技术进行创意制作为目标，最终实现学生在未来社会中可以继续自我学习持续发展，提升综合素质能力的学科课程。

第二节

AI 联通信息素养快车道

目标体系力求将信息技能渗透进学生的意识中，指向培养学生意识、思维的信息学习。分别从"创意应用"、"AI 思维"两方面入手，结合实际情况制定以下目标：

一、学科课程总体目标

《纲要》将学生积极学习和探究信息技术的兴趣、良好的信息意识与信息技术使用习惯、信息处理能力、使用技术解决问题的意识和能力等作为总体培养目标。据此，"创意·AI"课程致力于建立学生对计算机的感性认识，了解信息技术在日常生活中的应用，在遇到问题时能够自觉、主动地寻求恰当方式获取信息与处理信息。"创意·AI"课程总目标包括"创新应用"、"计算思维"、"信息意识"、"信息责任"四个部分。

（一）创新应用

学生能掌握键盘输入法，可以在电脑中快速输入文章，写下自己在生活中的见闻和感受；可以使用绘画软件进行绘图操作，最终能够综合运用写作、绘画、动画等多种方式，设计、制作拥有个人特色的多媒体作品。

（二）计算思维

学生能够编写简单的游戏程序，通过程序编写明白基本逻辑结构，最终能够采用计算机可以处理的方式界定问题，合理组织数据。

（三）信息意识

学生可以根据学习或实践需要，使用网络搜索、浏览、下载信息，解决问题；能利用电子邮件、即时通讯等网络交流工具传递信息、辅助学习；通过判断、分析与综合各种信息资源，运用算法设计解决问题的方案，并将其迁移到与其相关的其他问题解决之中。

（四）信息责任

学生能够合法、合理地使用网络工具和资源，知道应负责任地使用信息技术系统及软件；可以主动判断并防范不良信息，能够保护个人隐私；养成良好的计算机使用责任意识。

二、学科课程年段目标

根据《纲要》要求，结合我学校信息学科课程总目标和三至六年级学生的学情，制定具体实施目标。这里，我们以五、六年级为例，详见表 8-1。

表 8-1　合肥市西园新村小学北校"创意·AI"课程目标

年级	单元	上学期	下学期
五年级	第一单元	**小报制作** **基础目标** 1. 了解版面规划作用和方法。 2. 能够在 Word 中进行页面设置、导入文字内容；能够设置页面背景。 3. 能够利用 Word 中的文本框插入文字，并设置文本框格式。 **拓展目标** 可以综合运用所学的文字处理及文本编辑知识设计制作电子板报作品。	**创意图像** **基础目标** 1. 了解常见拍摄器材，学会使用数码相机。 2. 认识图像处理软件。 3. 可以用图像处理软件编辑美化照片。 4. 了解海报设计流程，能够在海报背景图片上添加图像及说明文字。 **拓展目标** 可以用图像处理软件设计制作简单的海报作品，如运动会的海报等。
	第二单元	**电脑维护** **基础目标** 1. 认识计算机外部设备，学会连接外部设备的方法。 2. 认识常见的网络设备，通过所学知识掌握解决家庭网络实际问题的方法和能力。 3. 掌握常用软件的下载、安装、卸载方法；掌握使用安全防护软件维护电脑系统的方法。 4. 学会清理电脑垃圾、清除使用痕迹等操作；会调整启动项加速系统启动速度的方法。	**创意多媒体** **基础目标** 1. 认识耳机、麦克风等录音设备，并学会连接设备。 2. 认识"录音机"软件，可以使用"录音机"软件录制、裁剪、拼接以及混合声音。 3. 了解拍摄视频的方法，并将拍摄的视频导入电脑；认识视频编辑软件；能够利用视频编辑软件裁剪视频、添加过渡效果、添加音效、文字等元素；能够将合成后的文件生成电影文件。

年级	单元	上学期	下学期
		拓展目标 能够理解电脑设备工作的基本原理。	**拓展目标** 可以设计制作主题明确、画面清晰美观的视频作品。
	第三单元	**动画乐趣** **基础目标** 1. 熟悉 Flash 软件的窗口界面；理解"库"、"图层"和"元件"概念。 2. 掌握导入图片、绘制图形、分离与组合对象、输入文字并设置文字格式操作。 3. 学会制作逐帧动画、运动渐变动画、形状渐变动画、引导动画和遮罩动画。 **拓展目标** 1. 可以用 Flash 设计制作富有创意的二维动画作品。 2. 能够将动画作品与其他学科学习结合，如交通安全宣传动画、科普知识宣传动画等。	**创意幻灯** **基础目标** 1. 认识 PowerPoint 窗口的组成；能够区分演示文稿与幻灯片的概念；会打开与播放幻灯片。 2. 会在幻灯片中用文本框方式输入文字，设置文本框的线条颜色、底纹等格式。 3. 会在幻灯片中插入图片、艺术字、自选图形、声音，并进行调整和设置。 **拓展目标** 能够制作出界面美观、特色鲜明、主题明确的幻灯片作品。
六年级	第一单元	**期刊制作** **基础目标** 1. 了解多媒体作品的规划过程和制作流程；能根据所选主题完成电子期刊的规划和设计。 2. 掌握幻灯片版面设计的方法；掌握图片、文本框等对象的对齐排列、平均分布、组合等方法；掌握设置超链接的方法。 3. 了解动作按钮的功能，掌握设置简单的动作按钮的方法；掌握设置自定义动画和幻灯片切换效果的方法。 **拓展目标** 1. 可以规划制作主题明确、内容丰富的幻灯片作品。 2. 能够设计制作班级电子期刊。	**信息时代** **基础目标** 1. 感受信息技术在我们生活、学习中的作用，了解信息技术在社会各领域的应用。 2. 了解信息技术未来发展的趋势，体验新技术的魅力；具有获取信息、传输信息、处理信息和应用信息单位能力。 3. 认识身边的新技术，知道生活和学习都离不开信息技术；能正确地使用手机扫描二维码来获取信息。 **拓展目标** 能够在日常学习生活中有意识地运用信息技术。

年级单元	上学期	下学期
第二单元	**海龟画图** **基础目标** 1. 熟悉 PC Logo 系统的启动、退出方法，认识 PC Logo 系统的窗口。 2. 掌握 Logo 语言基本命令，学会使用基本命令绘制简单的图形和图标。 3. 会编写简单的程序，会运用程序设计的思想解决一些简单的问题。 4. 学会使用重复命令，会分析图形中隐含的规律，能够绘制出复杂的图形；掌握"过程"的定义以及保存、调用、修改的方法，能够调用"过程"绘制各种图形。 **拓展目标** 通过程序编写能够理解程序设计的基本思想，可以对已有程序进行改写。	**毕业留念** **基础目标** 1. 认识 XMind 软件的界面组成；借助思维导图使用，培养学生抽象思维能力，提高学生综合运用能力。 2. 了解和使用云盘的基本知识。 3. 通过制作电子相册，了解多媒体作品创作的一般过程，体验创作的成就感。 4. 掌握在微博、云盘中上传文件的方法。 **拓展目标** 1. 在学习生活中具有规划设计意识，在其他学科的学习中会使用思维导图帮助学习和理解。 2. 在日常学习生活中能够熟练运用所学各种多媒体软件制作多媒体作品，如：科学 DV、班级相册等。
第三单元	**智能体验** **基础目标** 1. 了解常见的智能终端以及生活中的应用，感受科技发展给生活带来的变化。 2. 正确认识和使用智能手机。 3. 了解常用的无线上网方式；掌握使用蓝牙设备的方法；能够通过使用共享智能手机热点上网。 4. 掌握部分人工智能软件的使用方法；了解人工智能的未来发展方向。 **拓展目标** 能够利用人工智能软件进行简单的创新发明。	**机器人朋友** **基础目标** 1. 知道常见机器人的种类及应用，了解机器人的基本特点。 2. 认识机器人的基本组成结构，了解机器人的工作原理。 3. 了解机器人的制作流程，学会简易机器人的硬件搭建和编程控制。 **拓展目标** 1. 能够根据要求完成机器人的外观设计和硬件搭建。 2. 能够通过编写程序命令机器人完成指定任务。

第三节

思维是应用创新的源头活水

一、"创意·AI"课程结构

"创意·AI"课程架构依托于学校"至真、至纯、至善、至美"的校训，以"国家课程高质量校本化实施"为基础，"精品特色校本课程开发"为补充的课程理念，设立"1+X"信息课程群，"1"指的是基础课程，主要在于培养学生学习、使用计算机的兴趣和意识，养成良好的计算机使用习惯和责任意识；"X"是依托基础课程的学科特点，以及学生的学习需求，延伸开发的拓展课程，主要满足学生的个性化学习需求，让学生经历动手实践、自主探索与合作交流的学习过程，培养学生的应用意识和创新意识。主要设置了创新基础、创意应用、 AI思维三部分内容。

基于此形成了"创意·AI"学科课程结构图，详见图8-1。

（一）创新基础

内容为信息技术基础知识培养，通过认识计算机常用设备，了解计算机的基本操作，培养学生的信息技能能力，为学生的创意应用和AI思维的培养打下基础。

（二）创意应用

内容为信息技术创新能力培养。"用计算机制作作品、应用计算机软件"是小学信息基础课程的重要领域，开设与计算机软件应用相关联的拓展课程，注重在活动中提高学生动手操作的能力，在动手制作作品的过程中发展初步的创新意识。

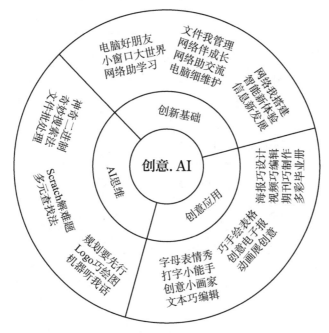

图 8-1　合肥市西园新村小学北校"创意·AI"学科课程结构图

（三）AI 思维

内容为通过信息技术基础知识的掌握和应用，了解信息技术背后的原理，培养学生计算思维。"计算思维"是小学信息基础课程的核心信息素养，开设与"计算思维"相关联的拓展课程，旨在建立学生的信息计算思维，发展学生的动手能力，激发学生学习信息的兴趣，更有助于学生逻辑思维发展，在数学等理科学习中可以学会寻求合理简洁的运算途径解决问题的方法。

二、"创意·AI"学科课程设置

为将创新基础、创意应用、 AI 思维落到实处，学校设立了相应的信息技术课程。详见表 8-2。

表 8-2　合肥市西园新村小学北校"创意·AI"学科课程设置表

实施年级		创新基础	创意应用	AI 思维
三年级	上学期	电脑好朋友 小窗口大世界	字母表情秀	神奇二进制
	下学期	网络助学习	打字小能手 创意小画家	奇妙搜索法

跨界课程：学科课程的边界拓展

实施年级		创新基础	创意应用	AI 思维
四年级	上学期	文件我管理 网络伴成长	文本巧编辑	文件批处理
	下学期	网络助交流	巧手绘表格	scratch 解难题
五年级	上学期	电脑细维护	创意电子报 动画展创意	多元查找法
	下学期	网络我搭建	海报巧设计 视频巧编辑	规划要先行
六年级	上学期	智能新体验	期刊巧制作	logo 巧绘图
	下学期	信息新发展	多彩毕业册	机器听我话

第四节

创意在宽广的空间无限延展

一、打造创意课堂，推进基础型课程有效实施

学校和教师应努力创造条件，给学生营造好学习信息技术的大环境和学生课堂学习的小环境，要善于把课堂教学与学生的学习与日常生活进行有机的结合。

（一）实施与操作

1. 合理运用各种教学方法。根据课程内容和学生特点，灵活选用教学方法。根据教学实际需要恰当地采用"讲授教学、合作学习、研究性学习、任务驱动法、问题教学法、探究教学法"等新的教学方法，提高学生主动学习的能力。

2. 拓宽课堂领域。日常的生活中，大家已经习惯于使用智能设备获取信息，智慧城市的打造也极大地改善了居民的生活质量。例如市民居家就可以进行生活缴费、各种物品的采购、远程办公、课程的学习，外出则可提前查询出行信息、预定食宿、车票等。信息技术老师要努力创造条件，给学生营造良好的信息技术学习大环境。让学生走出课堂，走向家庭与社区。鼓励学生在日常生活中学习和运用信息技术。

3. 基于问题学习（PBL）。从问题解决出发，让学生亲历处理信息、开展交流、相互合作的过程，让学生从被动的学习转向主动学习，从机械式的学习转向探究学习。引导学生发现问题，提出解决问题的方案。给学生更多的自主学习和实践空间，让学习更有趣，更有生命力。

（二）评价标准

在创意课堂中评价方式需要多样化，过程性评价与结果评价相结合，以鼓励学生创新，助力学生 AI 思维培养，对发展学生个性和创造精神有利的原则进行。具体指标见 8 - 3。

表 8 - 3 合肥市西园新村小学北校"创意·AI"课堂量化评价表

授课教师		学科	"创意·AI"	班级				
课题								
评价项目	具体内容				评价等次			得分
					优	良	中	
教学（10分）	教学目标的制定切合"创意·AI教材"要求和学生实际。				5	4	3	
	能有机整合知识与能力、过程与方法、情感、态度、价值观三维目标。				5	4	3	
教学内容（15分）	讲课简明扼要，重点突出，示范操作规范。				5	4	3	
	把握"创意·AI教材"的内在联系，能突出重点、突破难点。				5	4	3	
	能以"创意·AI教材"为例，适当开发课程资源。				5	4	3	
教学过程（20分）	教学流程结构合理，能够将解决问题的步骤简单化，体现教学思路与学生思维。				5	4	3	
	能够将问题分层，并找出核心问题所在，教学流程有利于学生参与学习、实践。				5	4	3	
	教学节奏、密度适当，时间分配合理。				5	4	3	
	正确把握学科教学特点，能够引导学生判断其问题是否属于此类题目，符合教、学、做合一教学要求。				5	4	3	
教学方法（25分）	创设学习情境，激发学习兴趣，调动学习 AI 积极性。				5	4	3	
	对学生的计算思维能力进行训练具有深刻性，能启发学生独立思考。				5	4	3	
	能够引导学生把问题分解成若干个可以解决的小问题，鼓励学生自主学习，突出学生合作、探究、创新。				5	4	3	
	能够将解决问题的步骤简单化，教学策略符合学生身心发展规律和学科学习规律。				5	4	3	
	能够引导学生写出解决问题的一系列步骤，能够将步骤转换为程序如 Scratch、 C++等编写的程序。				5	4	3	
教师素质（15分）	教态亲切自然，语言准确生动，演示操作规范。				3	2	1	
	板书简洁、工整、科学、美观。				4	3	2	
	合理运用直观教具、现代教学媒体优化教学过程。				4	3	2	
	善于组织教学，能有效地处理课堂上的偶发事件。				4	3	2	
教学效果（15分）	对学生信息及时反馈，学生是否了解什么是"创意·AI"，完成教学任务。				5	4	3	
	通过学习，学生是否体验到 AI 前沿技术的实际应用价值，在原有基础上有所创新。				5	4	3	

评价 项目	具体内容	评价等次			得分
		优	良	中	
	程序运行结果正确，格式规范，学生学得积极、主动、轻松，课堂气氛活跃	5	4	3	
评价建议		总分			

二、学科拓展，培养学生对信息技术发展的适应能力

由于信息技术发展速度快、知识更新周期短，原来掌握的知识很快就会过时。因此，培养学生适应不断发展、变化的信息技术，既是当前教学的需要，也是培养信息时代公民的需要。

（一）实施与操作

1. 听。采取把知识带进来的做法，让学生在校园里面就能够感受 AI 知识，体验 AI 技术，通过这种方式激发学生的学习兴趣。

（1）组织学生听 AI 智能专家的故事。有很多专家具有相当严谨的科学态度和令人称颂的高尚品德，这些不仅仅可以提升学生的信息素养，而且对他们今后的为人处事，也有很大的影响。

（2）听 AI 知识科普讲座。这是一种传统有效的活动方法，在老师的讲解下，学生的 AI 知识都将会极大地丰富，听构造，听制作方法，听功能效果，让学生对 AI 技术有更全面的了解。

2. 看。带领学生走出校园，实地参观学习，感受新技术的发展。

（1）进入高校参观 AI 实验室，了解 AI 的前沿技术，感受 AI 技术如何改变我们的学习和生活；

（2）深入各类科研机构，听专业技术人员介绍设计理念，看科研人员亲身示范科研成果；

（3）走近科研企业，了解 AI 技术在企业中的实际应用。

3. 做。"创意·AI"活动中的动手能力、动脑能力的集中反映就是"做"，大量的书面知识、理论内容如果只浮于表面，那无疑只是"纸上谈兵"，因此可以组织多种综合实践类 AI 活动，把课内的学习内容与课外的实践结合起来，把 AI 技术的学习与班级、学校的日常生活结合起来。例如：

为班级设计制作智能班牌、建设智能气象观测站等。在规划设计制作的过程中感受到 AI 技术在生活中的应用，培养学生的创新思维和规划意识，提升学生的信息素养，最终实现全方位锻炼学生团队协作、沟通表达、分析设计、应变抗挫、解决问题的能力。

（二）评价标准

在学科拓展的评价中同样需要采取多样化的评价方式，不仅要关注学生听、看、做的结果评价，同时也需要关注学生在听、看、做学习中的过程性评价，以鼓励学生感受"创意·AI"思维，培养学生对信息技术发展的适应能力。具体见表 8 - 4。

表 8 - 4　合肥市西园新村小学北校"学科拓展"量化评价表

授课教师		学科	"创意·AI"	班级				
课题								
评价项目	具体内容					评价等次		得分
						优	良	中	
教学目标（20分）	1. 能有机整合知识与能力、过程与方法、情感、态度、价值观三维目标。					5	4	3	
	2. 外出参观的机构与参观学习的内容切合"创意·AI 教材"要求和学生实际。					5	4	3	
	3. 请进来的讲座及内容切合"创意·AI 教材"要求和学生实际。					5	4	3	
	4. 动手做的课程制定切合"创意·AI 教材"要求和学生实际。					5	4	3	
学习过程（20分）	1. 学生在参观的过程中敢于大胆提问，勇于动手实验。					10	9	8	
	2. 学生在制作作品的过程中遇到问题可以运用信息技术知识去寻找解决办法。					10	9	8	
辅导教学方法（20分）	1. 创设学习情境，激发学习兴趣，调动学习 AI 积极性。					5	4	3	
	2. 可对学生的计算思维能力进行训练具有深刻性，能启发学生独立思考。					5	4	3	
	3. 能够引导学生把问题分解成若干个可以解决的小问题，鼓励学生自主学习，突出学生合作、探究、创新。					5	4	3	
	4. 能够将解决问题的步骤简单化，教学策略符合学生身心发展规律和学科学习规律。					5	4	3	
	5. 能够引导学生写出解决问题的一系列步骤，能够将步骤转换为程序如 Scratch、 C++等编写的程序。					5	4	3	

评价项目	具体内容	评价等次			得分
		优	良	中	
教师素质（10分）	1. 教态亲切自然，能够配合演示，操作规范。	5	4	3	
	2. 善于组织教学，能有效地处理课堂上的偶发事件。	5	4	3	
教学效果（30分）	1. 学生能够明白 AI 前沿技术的实际应用价值，在原有基础上有所创新。	10	9	8	
	2. 通过动手操作，学生可以制作出完整的作品。	10	9	8	
	3. 作品具有创新性，可以在实际生活中起到作用。	10	9	8	
评价建议		总分			

三、举办"创客嘉年华"活动节，培养学生创新设计能力

为了能够激发更多学生对"创意·AI"的兴趣，同时为学生提供一个创意展示交流的平台，学校每年春季都会开展一次不同主题的 AI 创客嘉年华活动。

（一）实施与操作

第一阶段为全校普及性"创意·AI"作品竞赛，每位学生都可以报名参赛，学生可以利用所学的信息技术知识结合美术、数学、科学等学科知识制作作品，作品主要分为两大类：实物类、电子作品类；实物类有：行走的机器人、灭火机器人、避障小车等；电子作品类：科幻绘画、创意编程等；学生作品将上传至学校网页和微信号中，全校师生均可进行投票，票数在前 40 名的作品将进入第二阶段展出。

第二阶段为在校园中进行"创意·AI"作品展示，展示内容包括第一阶段中脱颖而出的作品以及机器人、创意编程、创客工坊等社团制作的作品。在展示活动中每一个学生都能和"创意·AI"作品进行近距离的接触，与智能机器人进行面对面的互动交流，感受 Scratch 编程创编出一个个精彩的故事和有趣的游戏……通过每年的嘉年华活动为师生们提供奇妙的"创意·AI"之旅，感受到科技的魅力。

（二）评价标准

"创客嘉年化"活动节评价，主要从作品评价、小组协作、评价交流三个方面进行。其中的重点是基于主题、表达力、艺术性、技术性等指标，对作品进行评价。具体见表8-5。

表8-5 合肥市西园新村小学北校"创客嘉年华"量化评价表

作品主题						组员			
评价指标		具体指标			评价等次		学生自评	学生互评	教师评价
			优	良	中				
作品评价（75分）	主题	主题突出，在创意中体现（主题符合任务的要求，体现与活动要求相关的思想情感和价值观）。	5	4	3				
		主题表现出科学想象力，且符合科学性。	5	4	3				
		主题表达完整、可行。	5	4	3				
	表达力	采用的表达方式符合主题的特点和潜在听众的特点和要求。	5	4	3				
		表达方式具有想象力和个性表现力。	10	9	8				
		内容、结构设计独到。	10	9	8				
		素材获取及其加工凸显主题。	5	4	3				
	艺术性	作品美观、和谐，构图完整、（页面布局）合理。	10	9	8				
		作品具有艺术表现力和感染力，能调动受众的感知觉器官。	10	9	8				
	技术性	技术运用合理准确。	10	9	8				
小组协作（20分）		小组分工明确、合作默契。	5	4	3				
		创作规划科学可行。	10	9	8				
		作品达到预期目标。	5	4	3				
评价交流（5分）		积极参与小组自评、互评、态度认真、评价客观。	5	4	3				
你认为作品最具特色之处？									
作品还有哪些有待改进的地方？									
评价建议						总分			

四、开展 AI 社团活动，培养学生创意动手能力

充分利用课余时间开展多种信息社团，通过 AI 算法、创意编程、创意绘画、创意设计、创客工坊、机器人社团，采取每周一次，每次一小时的活动强度，多维度培养学生的兴趣、爱好，进而提升其信息素养。

（一）实施与操作

AI 算法：主要针对四年级以上学生，介绍基本的程序结构和简单的算法，让学生了解程序的运行方式，掌握各种逻辑结构，提升逻辑思维。通过一个周期两年的学习，让学生具备参加信息学竞赛并获得奖项的水平。

创意编程：主要针对三、四年级学生，采用项目式教学，带领学生通过创作多个由易到难的益智类小游戏，学生在规划设计、编写脚本、调试测试的过程中体验编程的魅力，培养学生的逻辑思维。通过一学年十个作品的创作设计，学生可以具备参加中小学生电脑制作比赛的水平。

创意绘画：主要面向中、低年级具备一定绘画基础的学生，该社团与美术学科相结合，每周根据一个主题利用电脑绘画软件进行自主创作发挥，美术老师与信息老师分别从配色和技术上进行适当指导，在培养学生想象力和创作力的同时，给予美育的塑造。经过一学年的学习创造，学生可以具备参加中小学生电脑制作比赛的水平。

创意设计：主要面向中、高年级学生，每周期给定主题，指导学生利用 Flash、 WORD、 PPT 等软件创作相关作品，学生在创作过程中提升信息技术应用同时能够培养学生的规划创作意识。经过一学年的学习创造，学生可以具备参加中小学生电脑制作比赛的水平。

创客工坊：该社团与科学学科相结合，采取小组合作式学习，由科学老师与信息老师共同指导，学生在创客工坊中每学期根据一个科学知识点和信息技术技能解决生活或学习中遇到的一个小问题，在解决方案的设计创造过程中小组内学生间的思维得到碰撞，大胆尝试亲手制作，通过一个学期的创造学习，学生可以简单制作一些小发明创造。

机器人社团：主要面向中、高年级学生，任务式驱动，学生从机器人拼搭组装开始，结合前期已有的编程基础进行程序编写，最终能实现机器人完成各项任务操作。经过两学年的社团训练学习，学生可以具备参加青少年机

器人竞赛并获得奖项的水平。

（二）评价标准

社团活动中除了关注学生正常的出勤率和参与程序外，更需要关注学生在活动中的动手能力，以及是否在活动过程中培养了学生的计算思维和创新意识。这里以创意编程社团为例展示社团活动量化评价表。具体见表8-6。

表8-6 合肥市西园新村小学北校"创意AI社团活动"量化评价表

授课教师		社团名称	创意编程			
课题						
评价项目	具体内容		评价等次			得分
			优	良	中	
社团教学目标（10分）	1. 教学目标的制定切合"创意编程"要求和学生实际。		5	4	3	
	2. 能有机整合知识与能力、过程与方法、情感、态度、价值观三维目标。		5	4	3	
社团教学内容（15分）	1. 重点突出，示范操作规范。		5	4	3	
	2. 教学内容有梯度，能够适应不同水平的学生。		5	4	3	
	3. 内容趣味性强，能够激发学生学习的兴趣。		5	4	3	
社团教学过程（20分）	1. 教学流程结构合理，能够将解决问题的步骤简单化，体现教学思路与学生思维。		5	4	3	
	2. 能够将问题分层，并找出核心问题所在，教学流程有利于学生参与学习、实践。		5	4	3	
	3. 教学节奏、密度适当，时间分配合理。		5	4	3	
	4. 正确把握学科教学特点，能够引导学生判断其问题是否属于此类题目，符合教、学、做合一教学要求。		5	4	3	
社团教学方法（15分）	1. 创设学习情境，激发学习兴趣，调动学生参与社团活动的积极性。		5	4	3	
	2. 采用项目式教学，能启发学生独立思考。		5	4	3	
	3. 能够引导学生将解决问题的步骤简单化，将步骤转换为程序如Scratch、 C++等编写的程序。		5	4	3	

评价项目	具体内容	评价等次			得分
		优	良	中	
社团教学效果（40分）	1. 学生编写完成的作品风格统一明显，界面具有美观度。	10	9	8	
	2. 程序编写逻辑清晰，无垃圾代码。	10	9	8	
	3. 学生自主解决问题的能力得到提高，对于程序编写过程中遇到的问题可以通过团队合作或者网络搜寻等方式进行解决。	10	9	8	
	4. 学生合作意识增强，社团成员之间能够相互配合完成活动，有团队合作的意识。	10	9	8	
评价建议		总分			

"创意·AI"课程，打破固有课程、课堂边界，将学生与现代社会连接，让学生在更加广泛的生活、学习空间里，体验、感受信息技术对未来的改变。

（撰稿人：　裴文云　张坤　朱琳　李本海）

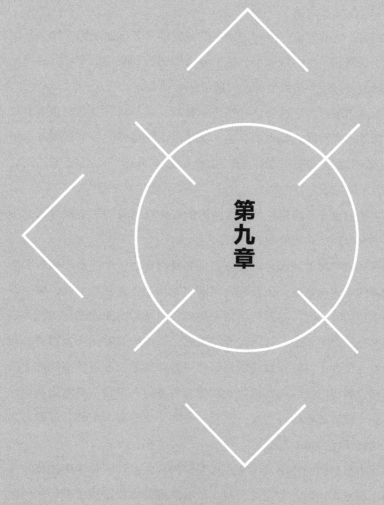

第九章

场景跨界：
学科课程的具身策略

在场景内，每个人都与他人无缝对接演绎角色所赋予的故事，神形兼备，全力以赴。在对课程实施方案的理解与尊重下实现场景跨界，让教师在思想、信念上察觉到自己在课程实施中的职责与任务。在对课程方案的创造性执行中实现场景跨界，让教师在课程实施中的具身实践成为惯性。

场景是指在一定的时间、空间内发生的一定的任务行动或因人物关系所构成的具体生活画面。在影视剧中，场景是人物的行动和生活事件，表现剧情内容的具体发展过程中阶段性的横向展示。

场景中扮演者的行为是具身认知的经典体现。演员将自身对角色的心理体验通过身体动作进行淋漓尽致的表达，将具身认知提倡的生理体验与心理状态之间的强烈联系实现完美结合。生理体验"激活"心理感觉，反之亦然。

将课程实施放置于场景理论中，用跨界的观点及具身的思维来考量其中的关联，我们会得到非常有价值的启示。

在对课程实施方案的理解与尊重下实现场景跨界。一个叫座的剧本必然要得到扮演者的追捧与青睐。让课程方案制定者与实施者实现对接，增强课程方案对实施者的吸引力，将教师的目光聚焦到对课程方案要素的关注，是课程领导者需要深思的问题。教师在课程实施过程中扮演着一个很重要的角色。从某种意义上说，课程计划最终都是通过教师的教案而得到实施的。所以，教师能察觉到自己在课程实施中的职责与任务，在思想上高度重视课程方案，在信念上理解尊重课程方案，就会在心理与生理层面主动对课程方案进行研究。这是课程实施的基础。

在对课程方案的创造性执行中实现场景跨界。大众对影视剧中经典角色的记忆来自于演员对角色的创造性表现。课程实施的效果取决于教师执行课程方案的过程。课程专家富兰、庞弗雷特、利思伍德曾经就北美课程改革的实际情况概括出了三种课程实施取向：得过且过取向，改编或适应取向，忠实或精神取向。这些取向在我们的课程实施中也有反映。如何让教师有课程实施的自觉，从场景论而言，是教师对职业的理解和对专业的执着追求，这种追求不是外在的被动的，而是具身的惯性的，是把个人置身于引导学生发展的场景中，为每一个学生的发展量身定制学习方案，从而实现课程边界的跨越。

在对课程方案的具体实践中实现场景跨界。引人入胜的剧目是角色之间良好协同的结果。课程实施中的教与学是学校与教师、教师与教师、教师与学生、学生与学生多重人物关系下的产物，是班级与班级、班级与学校、学校与社会多个场景下的产物。实现人际关系内部、场景关系内部以及两者之间的跨界连接，使课程实施效益更大化成为可能。场景教学、 PBL 教学、STEAM 教学、社团学习、研学旅行等，拓宽了课程实施的实践，为儿童身心兼备投入学习提供了适宜的平台，为自主学习、合作学习、探究学习提供了适宜的项目。

"REAL 英语"课程强调语言学习的真实性、实践性，主张学生在语境中接触、体验和理解真实语言，提倡尽可能多地为学生创造在真实语境中运用语言的机会与场景，鼓励学生在教师的指导下，通过体验、实践、参与、探究和合作等具身学习方式，发现语言规律，逐步掌握语言知识和技能，不断调整情感态度，形成有效的学习策略。

REAL 英语： 在真实情境中习得　在学习生活中实践

合肥市乐农新村小学奥林校区现有英语教师 3 名，2 人为本科学历，1 人研究生学历；区级骨干教师 1 名，校级骨干教师 1 名；1 人获得市级优质课大赛一等奖，2 人在蜀山区"聚焦课堂"、"教学新秀"等教学评比中获得二等奖。学校从三年级至六年级开设英语课程，每周 3 节。学校依据中共中央、国务院《关于深化教育教学改革全面提高义务教育质量的意见》，教育部《关于深化课程改革，落实立德树人根本任务的意见》、《义务教育英语课程标准（2011 版）》（以下简称《课标》）等文件精神，依托学校英语教研组，不断完善英语学科课程建设。

在真实情境中
促进语言发展

一、学科价值观

《课标》指出"英语具有工具性和人文性双重性质。就工具性而言，英语课程承担着培养学生基本英语素养和发展学生思维能力的任务；就人文性而言，英语课程承担着提高学生综合人文素养的任务"。

基于对英语学科课程标准和教材的分析，我们认为英语学习是学生在真实的语境中展开的，通过体验、实践、参与、探究和合作等方式，掌握语言知识和技能，逐步发现语言规律，不断调整情感态度，形成有效的学习策略。为此，学校确定了英语课程的学科价值观：让学生在真实的英语学习情境中，理解和运用语言，提高综合素养。

二、学科课程理念

英语课程注重发展学生的听、说、读、写能力，在《课标》及学校课程价值观的引领下，明确了学校的课程理念，即"在真实情境中习得，在学习生活中实践"，主张学生在真实的语境中接触、体验和理解语言。学校在此基础上开发并实施了"REAL英语"课程。

REAL英语是"过程真实"的英语，学生在真实情境中接触、体验、理解和运用语言；

REAL英语是"情感真实"的英语，学生通过参与、探究和合作等方式感受、领悟语言的魅力；

REAL英语是"评价真实"的英语，学生通过互评、自评等方式形成自主学习能力和有效的学习策略。

第二节

在体验中获取英语学习策略

一、学科课程总体目标

依据《课标》总体目标，结合学校及学生学情， REAL 英语课程从语言技能、语言知识、情感态度、学习策略和文化意识等五个方面，确定学科总目标。

（一） 语言技能

学校从三年级起开设英语课程，英语教研组的教师基于个人特色的教学理念，在 REAL 英语课程实施中采用多种方式对学生进行语言能力目标的培养。语言技能是语言运用能力的重要组成部分，在当代社会背景下主要包括听说读写各个技能的综合运用。

听： 能够通过听抓住日常生活语篇的大意，获取其中的主要信息和观点；能够借助语境克服生词障碍，理解大意；能够听懂广播电视等媒体中接近自然语速的初级英语教学节目；能够对发生在特定真实语境情况下的语篇和指令做出相应的反应。

说： 在口语表达中，能够根据交际场合和交际对象身份的不同，选择恰当的语言表达形式，如非正式或正式，进行日常交际，表达意义和意图，保持良好的人际关系；能通过重复、解释和提问等方式克服交际中的语言障碍，维持交际；能够在语言表达的过程中运用一些最常用的日常口语表达，如： 问候、告别、致谢、道歉等；能就简单的生活情境中的话题提供信息，表达简单的观点和意见，参与讨论。

读： 能够在阅读中抓住日常生活语篇的大意，获取其中的主要信息、观点和文化背景；能够根据上下文猜测生词的意思；能够读懂简单的个人信件、说明文等应用问题材料。

写：　能够以书面形式简要表述自己和他人在生活中的经历；能够写出简单的问候语和祝福语；能够参照范例写出或回复简单的问候和邀请；能够根据不同的生活情境，以不同的表达方式简单表述自己的观点；能够用常见的连接词表示顺序和逻辑关系。

（二）语言知识

语言知识是语言运用能力的重要组成部分。学生在小学义务教育阶段应该学习和掌握的英语语言基础知识包括语音、词汇、语法以及用于表达常见话题和功能的语言形式。

语音：　在日常生活会话中做到语音、语调基本正确、自然、流畅。了解英语包括连读、节奏、停顿、语调等现象，且根据重音和语调的变化，理解和表达不同意图和态度。

词汇：　掌握日常会话中的常用单词，学习生活话题范围内的习惯用语或固定搭配。理解和领悟词语的基本含义以及在特定语境中的意义。

语法：　了解常用语言形式的基本结构和常用表意功能。在实际运用中体会、领悟语言形式的表意功能。

常用语法功能话题：　理解和运用某些语言表达形式来表达其用法，并且在实际运用中体会语法项目的表意功能。理解和运用下列功能语言的表达形式，如问候、介绍、告别、邀请、致谢、道歉等。

（三）情感态度

情感态度是指兴趣、动机、自信、意志和合作精神等影响学生学习过程和学习效果的相关因素以及在学习过程中逐渐形成的祖国意识和国际视野。保持积极的学习态度是学生学习成果的关键。有明确的学习目的，能认识到英语学习的目的在于交流。有学习英语的愿望和兴趣，乐于参与各种英语实践活动。能体会在英语学习中的乐趣，乐于接触英语歌曲、读物等。能够在特定情境的英语交流中注意并理解他人的情感。在生活中接触英语时，乐于探究其含义并尝试模仿。

（四）学习策略

学习策略指学生为了有效地学习和使用英语而采取的各种行动和步骤并

且知道这些行动和步骤的意义。学习策略的使用因人、因时、因地、因事而异。在 REAL 英语的课程设置中，身临其境活动带领学生观看原声电影，帮助学生观察视听媒体中所使用的简单英语；情景再现活动带领学生在特定的语境中进行对话，鼓励学生抓住用英语交际的机会；视听风暴活动带领学生听唱童谣，用音像资料丰富自己的学习。

（五）文化意识

文化意识的形成与语言学习是相辅相成的。在教学中，教师应根据学生的年龄特点和认知能力，逐步扩展文化知识的内容和范围，并采取多种方式渗透文化意识学习，使学生在日常学习和交际中能够初步注意中外文化差异。在 REAL 英语的课程设置中， Real Experiencing 中的文化之旅活动能够充分地帮助学生体验西方的饮食文化、节日文化、地理文化等。

二、学科课程年段目标

依据 REAL 英语学科课程理念及课程总体目标，学校确立了系统而持续渐进的 REAL 英语课程年龄段目标体系。这里，我们以五年级为例，详见表 9-1。

表 9-1　合肥市乐农新村小学奥林校区 REAL 英语课程目标

年级	单元	上学期	下学期
五年级	第一单元	**基础目标** 1. 能听、说、读、写单词、词组、句型：old、 young、 Is he young/funny? Yes，he is 等；能在情景中运用句型 What's he/she like? He/She is kind 等。 2. 能够在图片的帮助下理解吴一凡的日记；按照正确的意群及语音、语调朗读日记，并运用句型 He is hard-working 等口头描述人物特征。 3. 掌握-y 的发音规则；树立正确的审美观，根据-y 的发音规则拼读、拼写单词。 **拓展目标** 1. 设计达人：设计、制作第一单元	**基础目标** 1. 能听、说、读、写单词、词组、句型：do morning exercises、 eat breakfast、 When do you get up? 等；能在情景中运用句型 When do you get up? 等询问并回答某人的日常作息和周末安排。 2. 能够在图片的帮助下，理解 Robin 的台词；能够按照正确地语音、语调、意群朗读 Robin 的台词；能够运用核心句型书面完成书信填写任务；能够掌握字母 cl/pl 的发音规则。 3. 能够在生活中主动询问别人或对别人的询问能热情应答，相互了解各自的日常学习及生活情况；

第九章　场景跨界：学科课程的具身策略

177

跨界课程：学科课程的边界拓展

年级	单元	上学期	下学期
		思维导图（整合描述人外貌特征和性格特点的单词与表达），训练学生的思维能力。 2. 文化之旅：（1）了解中西方国家在称呼上的不同习惯。（2）了解西方国家的礼貌用语。	能够了解学生中及社会生活中相关活动的名称，激发学生热爱学习、热爱生活的美好情感。 **拓展目标** 1. 话题拓展阅读（My Day）与主题延伸写作（My Family's Weekend），训练学生的阅读与写作。 2. 设计达人：设计、制作一张英语作息表，树立合理安排时间的意识。
	第二单元	**基础目标** 1. 能听、说、读、写单词、词组、句型：Monday、Tuesday、What do you have on Thursdays/…? 2. 能够在情景中运用句型 Do you often read books/…? Yes, I do/No. I don't. 询问并回答经常从事的周末活动。 3. 掌握字母组合 ee/ea 的发音规则；学生懂得珍惜时间的重要性，合理利用周末，加强体育锻炼；学会利用构词法记忆单词。 **拓展目标** 1. 话题拓展阅读与主题延伸写作（My Week），训练学生的阅读与写作。 2. 文化之旅：了解一些与星期有关的英语表达及经典英语句子。	**基础目标** 1. 句型 spring、summer、Which season do you like best?… 能够在情景中运用句型 Which season do you like best? Winter. Why? Because I like winter vacation! 询问并回答对季节的喜好，简单陈述喜欢某个季节的原因。 2. 掌握字母组合 br/gr 的发音规则；让学生有兴趣用英语表达自己所喜爱的季节，并陈述理由。 3. 引导学生注重小组合作学习，培养沟通和交流的能力，让学生了解有关全球气候差异的常识。 **拓展目标** 1. 话题拓展阅读（The Wind in the Four Seasons）与主题延伸写作（Seasons），训练学生的阅读与写作。 2. 绘本阅读：I am a Bunny。培养学生阅读的兴趣和习惯。
	第三单元	**基础目标** 1. 能听、说、读、写单词、词组、句型：tea、ice、hamburger, What would you like to eat/drink? What's your favourite food?等。 2. 能够在情景中运用句型 What's your favourite food/drink? I Love… 询问并回答某人最喜欢的食物或饮品；掌握字母 ow 在单词	**基础目标** 1. 能听、说、读、写单词、词组、句型：January、February、March、When is the party? It's in April. 等。 2. 能够在情景中运用句型 When is the trip this year? It's in October. 询问并回答有关学校活动的月份的内容；能够掌握字母组合 ch/sh 的发音规则。

年级单元	上学期	下学期
	中的发音规则。 3. 学生能够保持健康的饮食习惯，坚持绿色生活，能够了解中西方饮食方面的文化差异，学会利用构词法记忆单词。 **拓展目标** 1. 话题拓展阅读与主题延伸写作（谈论喜爱的食物），训练学生的阅读与写作。 2. 设计达人：设计、制作一份菜单，帮助学生合理安排饮食。	3. 能够了解校历上一年 12 个月中丰富多彩的活动，了解西方复活节的文化知识，能够有效地记忆发音与拼写有难度的月份单词。 **拓展目标** 1. 话题拓展阅读（Mid-Autumn Day）与主题延伸写作（My Favourite Festival），训练学生的阅读与写作。 2. 设计达人：（1）设计、制作一张校历，让学生关注校园生活。（2）设计、制作一份派对海报，可以是生日派对、新年派对、儿童节派对或母亲节派对等，培养学生的观察和想象力。
第四单元	**基础目标** 1. 能听、说、读、写，并在情景中运用单词、词组、句型：dance、sing English songs、do kungfu、What can you do？I can ... 询问某人能否做某事并作答。 2. 能够掌握字母组合 oo 的发音规则，能够积极参加文娱活动，丰富课余生活，了解琵琶、武术、乒乓球等有中国特色的文娱活动形式；能够根据 oo 的发音规则拼读、拼写单词。 **拓展目标** 1. 话题拓展阅读与主题延伸写作（谈论会做和不会做的事情），训练学生的阅读与写作。 2. 设计达人：设计、制作第四单元思维导图（整合会做和不会做的事情的单词与表达），训练学生归纳整理的能力。	**基础目标** 1. 能听、说、读、写，并在情景中运用单词、词组、句型：first、second、third、When is April Fool's Day? It's on April 1st 询问并回答某节日的日期；能够掌握字母组合 th 的发音规则。 2. 能够体会并表达自己喜欢的中外节日；了解中西方重要节日的日期，能够根据 th 的发音规则拼读、拼写单词。 **拓展目标** 1. 话题拓展阅读（生日聚会）与主题延伸写作（My Birthday Party）。 2. 文化之旅：了解一些西方国家生日聚会上的礼节。
第五单元	**基础目标** 1. 能听、说、读、写，并在情景中运用单词、词组、句型：bike、clock、photo、There is a ... in/	**基础目标** 1. 能听、说、读、写六个名词性物主代词：mine、yours、his、hers 等；能够听、说、读、写六个动词

年级	单元	上学期	下学期
		on/... 能够理解对话大意，按照正确的意群及语音、语调朗读对话，并进行角色扮演。 2. 能够掌握字母组合 ai/ay 的发音规则，能够养成及时整理个人物品的习惯，提倡垃圾分类，增强环保意识，能够在教师的帮助下总结 there be 结构与名词单复数的搭配规律，并正确运用这一结构。 **拓展目标** 1. 话题拓展阅读与主题延伸写作（介绍房间），训练学生的阅读与写作。 2. 设计达人：设计、制作第五单元思维导图（整合房间物品和位置的单词与表达），训练学生归纳整理的能力。	现在分词：climbing、eating、playing 等；能够在情景中运用句型 The yellow picture is mine. Are these all ours? Whose is this? It's Zhang Peng's. 询问和回答某物属于某人。 2. 能够在图片的帮助下读懂韵文、并能正确地朗读；能够运用核心句型完成句子,描述动物正在做的动作；能够掌握字母组合 ng/nk 的发音规则;培养学生爱护动物的意识；能够在教师的帮助下总结名词性物主代词的规律，完成相应练习。 **拓展目标** 1. 话题拓展阅读（A Spring Outing）与主题延伸写作（In My Classroom），训练学生的阅读与写作。 2. 文化之旅：了解一些西方人的宠物文化。
	第六单元	**基础目标** 1. 能听、说、读、写,并在情景中运用单词、词组、句型：forest、mountain、building、Is there a river in the forest? 等。 2. 能够掌握字母组合 ou 的发音规则，能够亲近自然、热爱自然，能够了解一些环保常识，能够在教师的帮助下总结 there be 结构疑问句的用法，并正确运用这一结构。能够根据 ou 的发音规则拼读、拼写单词。 **拓展目标** 1. 话题拓展阅读与主题延伸写作（介绍景物），训练学生的阅读与写作。 2. 文化之旅：了解我国及国外一些著名河流、湖泊和桥梁的英文名称及历史知识。	**基础目标** 1. 能听、说、读、写五个动词词组的现在分词：doing morning exercises、having... class 等；能够听、说、读、写四个有关行为规范的词组：keep to the right，keep your desk clean 等。 2. 能够在情景中运用句型 Talk quietly. Keep your desk clean 等讨论行为规范；能够掌握字母组合 wh 的发音规则。 3. 能够遵守行为规范和学校校规；能在教师的帮助下总结动词现在分词的结构和用法。 **拓展目标** 1. 话题拓展阅读（Jenny's Family）与主题延伸写作（描述正在进行的活动并提出合理的建议），训练学生的阅读与写作。 2. 文化之旅：了解常见公共场所行为规范的英语标语。

第三节

听说读写用
看我给你"show"

一、"REAL"英语课程结构

《课标》指出英语课程的学习，既是学生通过英语学习的实践活动，逐步掌握英语知识和技能，提高语言实际运用能力的过程；也是他们磨砺意志、陶冶情操、拓展视野、丰富生活经历、开发思维能力和提高人文素养的过程。为了将英语课程的总体目标和年段目标落到实处，我校"REAL"英语课程依据不同年段学生的心理特征和需求，从听说读写和综合性学习出发，分为 Real Listening、Real Speaking、Real Reading、Real Writing 和 Real Experiencing 五大类，具体内容见图 9-1。

图 9-1　合肥市乐农新村小学奥林校区 REAL 英语课程架构图

（一）Real Listening

良好的听力是学好英语的基础。"REAL"英语课程利用现代教学技术，为学生创造真实情境，通过"丫丫学语"、"歌谣串烧"以及"原音重现"等课程让学生感受原汁原味的英语，激发学生的学习兴趣和热情。

（二）Real Speaking

口语交际是英语应用的重要的方式。"REAL"英语课程以英语的交际性为切入口，营造和谐、民主的课堂氛围，在轻松、愉快、真实的情境中鼓励学生开口说英语，帮助学生树立自信心。低年级学生通过模仿发音开启英语语音学习之路。高年级学生通过"脱口秀"、"演讲秀"等课程进一步提高口语表达能力。

（三）Real Reading

学生阅读能力的高低直接决定了综合运用英语的水平。为了激发学生的阅读兴趣，Real Reading 课程通过"趣听绘本"、"绘本花园"、"经典赏析"等课程为学生提供丰富的语言材料和自主发展的空间，帮助学生寻找适合自己的阅读方法，形成自己的阅读策略。

（四）Real Writing

写作能提高学生使用英语的能力，扩大词汇量，提高逻辑思考及分析问题的能力，对阅读、听力、口语等各方面均有促进作用。Real Writing 课程通过"自我介绍"、"我爱我家"、"明信片"、"邀请函"等课程选择与学生生活相关的内容，用思维导图的方法列出提纲，根据不同的文体要求，写出内容丰富的英语作文。当然，在掌握一定的英语写作技巧的基础上还需要多练习，才能提高英语写作能力。

（五）Real Experiencing

语言是社会交际工具，与社会文化的关系密不可分。要学好英语就要了解英语国家的文化背景及风俗习惯。要将社会文化背景和语言教学结合起来，以养成良好的用英语思维的习惯。Real Experiencing 课程通过"饮食文化"、"趣味习语"、"异国风情"、"用餐礼仪"、"风俗禁忌"等文化背景及风俗习惯的介绍让学生更好地理解英语这门语言，提高学生综合运用英语的能力。

二、学科课程设置

围绕"在真实情境中习得，在学习生活中实践"的学科理念，依据我校教学实际，"REAL"英语课程中的拓展课程设置如下所示（见表9-2）。

表9-2　合肥市乐农新村小学奥林校区"REAL"英语学科课程设置表

课程 年级	Real Listening	Real Speaking	Real Reading	Real Writing	Real Experiencing
三上	丫丫学语	模仿秀	趣听绘本	自我介绍	饮食文化
三下	我行我秀	开口秀	手绘绘本	动物秀	趣味习语
四上	歌谣串烧	表演秀	妙笔生花	我爱我家	异国风情
四下	歌曲串烧	对话秀	绘本花园	天气播报	用餐礼仪
五上	原音重现	配音秀	快乐阅读	思维导图	节日文化
五下	我说你做	主题秀	美文品读	明信片	风俗禁忌
六上	声临其境	脱口秀	经典赏析	邀请函	英文谚语
六下	大咖秀场	演讲秀	美文赏析	海报	诗歌欣赏

第四节

具身学习英语乐趣无穷

一、聚焦常态，打造 REAL 英语课堂

（一） REAL 英语课堂的要义

教师以真施教，以实育人，为学生发展综合语言运用能力打基础。教师在教学过程中以真诚的态度为学生发展服务，与学生就相关问题进行平等对话，使教学对话深入持久地进行。教师与学生、教与学，是平等的交流与对话，是心智的敞开和活跃。日常教学中以互评与自评为主，在和谐民主的课堂气氛中，关注学生在真实学习过程中的表现和进步。

（二） REAL 英语课堂的实施与操作

1. REAL 英语项目化学习。依据多元智能理论， REAL 英语注重引导学生去发现自己的优势与潜能。鼓励学生在综合性、主题化的任务中发挥自己的特长。

2. 评选 REAL 英语学习组。 REAL 英语学习组面对全体学生的个体差异性，6—8 人为一组，强调人际沟通、交流和分享各种学习资源而相互影响、相互促进的学习共同体，以完成共同的学习任务为目的，有负责人、统计员、汇报员、信息收集员等，人人参与。每次任务 10 分，根据任务完成得是否及时、有效给予 6—10 分，累计获得分数最多的为优秀 REAL 英语学习组。

3. 评选 REAL 英语学生。 REAL 英语学生的评选要点： 自主完成预习、作业和复习任务；在 REAL 英语学习组中是完成任务的主要成员，能与组员团结协作，并能帮助有困难的组员。

4．"我的 REAL 英语课堂"。"我的 REAL 英语课堂"中，要求教师、小组和学生个人均参与评价过程。教师评价的重点在于小组是否完成了任务？完成任务的过程中哪些学生做了主要工作？哪些学生完成任务的过程中团结协作？小组评价的重点在于完成任务的过程中遇到了哪些困难？是通过什么办法解决的？个人评价的重点是我在完成任务的过程中学会了什么？谁给我的启示或帮助最大，是什么？据此，我们设立了 REAL 英语课堂评价表，见表 9 - 3。

表 9 - 3　REAL 英语课堂的评价表

评价类别	评 价 内 容	得分
教学目标 （20分）	面向全体学生，不同层次的学生都参与学习交流的全过程；学生能明确学习任务，听、说、读、写的技能有所发展。	
教学内容 （10分）	正确把握教材，并能根据学生实际科学合理地调整充实教材内容，教学内容要贴近学生、贴近生活、贴近时代。	
教学过程 （30分）	学生就相关问题愿意与教师进行平等对话，使教学对话深入持久地进行。	
教学方法 （20分）	采用合作、交流、讨论的方式，探讨有思考性和价值性的问题；合作小组内既有分工，又有配合与教师指导，每个学生充分思考，获取知识，形成能力。	
教学评价 （20分）	采用互评、生评的方式，学生都能保持积极进取的心态，对学习有信心和兴趣，有成就感，在知识、能力、情感、态度等方面得到不同的发展。	
总分 （100分）		

二、联系实际，推广 REAL 英语节日

（一）REAL 英语节日的要义

REAL 英语节日既涵盖我国民俗中的传统节日和当代有纪念意义的节日，又包括结合学校自主发展与学生身心特点的校园特色节日，以及国际、国外的一些节日。为此，我们结合课程理念，突出生本特点，充分挖掘和整合传统与特色节日中的教育资源，用富有特色的节日为学生的身心健康成长搭建平台，让学生在节日的浸润中感受语言文化的魅力。

（二）REAL 英语节日的实施与操作

REAL 英语引导学生简要了解节日的英文名称及常见的习俗文化。包括以"记忆中华"为主题的 6 大传统节日，以"爱我中华"为主题的 5 大纪念节，以"放眼环宇"为主题的 5 大国际（国外）节日。

（三）REAL 英语节日的评价

在 REAL 英语课程中，对学生的评价主要是过程性评价。

1. 建立成长记录袋，让学生自己收集学习过程中反映节日的资料，如学习时收集到的资料，办的剪贴报，写的日记等。

2. 教师根据节日内容设计相应的评价表，进行学生自评、小组互评，两者评价权重各占一半。

三、拓宽视野，开启 REAL 英语文化之旅

（一）REAL 英语文化之旅的要义

REAL 英语尝试让学生通过英语课程能够开阔视野，形成跨文化意识，增强爱国主义精神。 REAL 英语文化之旅采用小组合作学习的方式，发挥学生的主观能动性，通过定期评比与展示的方式，记录学生的成长。

（二）REAL 英语文化之旅的实施与操作

成立合作学习小组，明确记录、检查、汇报、整理资料的要求。建立个人成长档案袋，记录个人在英语文化之旅的学习过程。

（三）REAL 英语文化之旅的评价

小组长对组内成员每次活动进行不定期检查，并作记录。组织各组进行展示，选优秀组进行奖励。开展"评、比、展"活动，让学生充分展示自己的才华和能力，让学生获得成功的喜悦和满足。期末组织各种形式的成果汇报活动，并对项目学习组进行合理的评价，期间注意收集、保存图片。在各种展示活动中表现特别突出的学生、参加各级各类竞赛获奖的学生，其相关的获奖证书、作品发表复印件、评选结果通知等一同装进学生成长档案袋。

四、发展兴趣爱好，成立 REAL 英语社团

（一）REAL 英语社团的要义

REAL 英语社团为丰富学生的课余生活，给学生们提供展示自我风采与

相互交流的空间。主要包括"声临其境"、"趣配英语"、"文化之旅"等社团方式让学生了解中西方文化差异，增强跨文化意识并大胆说英语。

（二）REAL 英语社团的实施与操作

"声临其境"通过英语电影赏析，观看温暖、励志的英文电影，交流观后感，学习地道的口语表达。"趣配英语"以电影中的经典片段为素材，让孩子们模仿情境中的人物进行英文表达，感受语言的魅力。"文化之旅"通过中西方文化的差异比较，充实学生的文化储备。

（三）REAL 英语社团的评价

REAL 英语社团从出勤、学习态度、行为表现、小组合作与兴趣作业五个方面对社员进行评价，具体见表 9-4。

表 9-4　REAL 英语社团评价表

评价类别	评 价 内 容	得分
学习态度 （10 分）	学习态度端正，勤学好问，上课注意力集中。	
自主学习 （10 分）	明确学习任务、目标，勤于思考。	
行为表现 （30 分）	积极参与课堂活动，勤做笔记，积极发言。	
小组合作 （30）	小组合作中充分表达个人见解，表现积极，能在小组合作中带头示范。	
兴趣作业 （20 分）	按时完成作业，并且质量高，主动意识强。	
总分 （100 分）		

REAL 英语课程致力于为学生学习营造真实情境，通过系列化、生活化、实践性的具身学习活动，激发学生学习英语的兴趣，感受英语的魅力，提升综合语言能力，初步构建文化意识，培养学生积极向上的情感态度和价值观。

（撰稿人：　裴文云　黄英　程书扬）

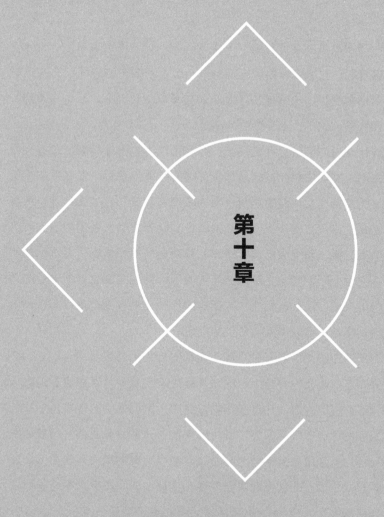

第十章

审美跨界让课程的编制在文本与意识两个层面渐次呈现构造美，使得课程方案更具流畅感。审美跨界让课程的组织在创设反映儿童身心发展规律及需要的学校生态环境中彰显外观美，使得课程内容更加贴近儿童内心的节奏。审美跨界让课程的领导在把握全局、关注细节中显现艺术美，使得课程的实施闪现自觉的光芒。审美跨界让课程的协调在多样课程的统筹中富有功能美，使得课程的价值有序指向儿童的自主发展。

审美跨界：
学科课程的品质重塑

卡斯韦尔与坎贝尔的《课程编制》中的编制一词，隐含着开发、创建、发展、形成等意思，这就意味着课程编制是一个不断改进的过程。① 在这样一个系统的劳作中有了审美的加持，会使参与者眼中有光亮，心中有方向，会使课程品质在管理的气质上变得更有温度。

审美跨界让课程的编制呈现构造美。在当下，学校的课程编制正经历着从被动趋向主动，从切块趋向逻辑，从碎片趋向整体的过程。在这样的蜕变中，课程编制的结构在文本与意识两个层面渐次呈现美感。文本层面，课程结构要素内部从无序到有逻辑而显得节拍稳定，要素之间从各自为阵到有机连接而显得节奏分明，整个结构从零碎到完整而显得旋律流畅，文本结构的融通性则令人产生无限的想象。意识层面，课程结构以儿童立场为中心的适宜性闪现人性的光辉，以贴近生活为依据的时代性令课程变得生动，以民族文化为基因的前瞻性则可以预见未来世界的美好。

审美跨界让课程的组织彰显外观美。课程的组织就是使其内容、人、环境要素集合并相互影响而产生作用。不同课程专家的观点从课程组织的观点来看，都包含了课程的内容、儿童及环境等要素。课程组织的审美体现在创设反映儿童身心发展规律及需要的学校生态环境，儿童身处其间，昂首可见苍穹与先哲对话，低头可遇溪水与内心交流。课程组织的审美体现在选择谋求与儿童学习方式相适宜的创生性课程内容，儿童在期间可听可见可读可说可赏、可操作可探究可创造，体验学习与生活与成长的遇见及美好。

审美跨界让课程的领导显现艺术美。课程领导者是课程这个乐章的指挥者，承载着将课程方案制定者与课程实施者、受益者的连接。指挥的起点源于对音乐作品的透彻分析，课程领导的基础也是要对课程方案有着全面的把握，既要掌握主旋律，也要熟悉每个细节。课程指挥者还要研究课程实施者的特长与不足，调适课程方案与课程实施者的对应，找准内在的节奏感，使得物尽其用才尽所能。

审美跨界让课程的协调富有功能美。课程群的出现令学校课程丰富，多个课程群之间的关联需要进行管理。从品质的功能角度去协调处理，会令丰富的课程产生序列的美感。将多类别的课程统筹到核心价值育人的视域范

---

① 施良方. 课程理论 [M]. 北京：教育科学出版社，2003：80—81.

围，产生异曲同工之妙；挖掘共性课程中适宜个性生长的价值，在另辟蹊径中促进成长；提供多样课程供儿童选择，使其运用思维解决问题的能力得到培育；让儿童在门类齐全的课程中体验，获得对自我学习与发展的自主管理。

"香雅语文"养馨香之气，育优雅之人。学生在语言文字学习与运用中，将优秀文化、优秀品质逐步内化，养成美好的品性，传承"馨香"之气，即"嘉言、雅行、乐思、馨承"。热爱祖国的语言文字，养成良好的语文学习和运用习惯，吸收人类优秀文化的营养，丰富自己的精神世界，养成健康向上的审美情趣。

香雅语文：让语文学习散发着香

合肥市香樟雅苑小学现有语文教师 22 人，其中高级教师 1 人，一级教师 13 人，二级教师 8 人；市级小语骨干教师 2 人，区级小语骨干教师 3 人，市名师工作室成员 1 人，区名师工作室成员 1 人。学校依据中共中央、国务院《关于深化教育教学改革全面提高义务教育质量的意见》，教育部《关于深化课程改革，落实立德树人的根本任务意见》和《义务教育语文课程标准（2011 版）》（以下简称为《课标》），将"香雅语文"课程群建设推向新的高度。

第一节

养馨香之气，育优雅之人

一、学科价值观

《课标》指出： 义务教育阶段的语文课程，应使学生初步学会运用祖国语言文字进行交流沟通，吸收古今中外优秀文化，提高思想文化修养，促进自身精神成长。由此可见，小学语文课程是工具性与人文性的统一，具有实践性、综合性的特征。

基于对课程标准的认识，结合学校文化内涵，我们将语文课程的核心价值观确定为： 让儿童在语文学习中如香樟树一样，朝气蓬勃、朴实无华、无私高雅、馨香正气。

二、学科课程理念

立足学生理解和运用祖国语言文字的基本特点，依据《课标》提升学生综合素养等主要精神，结合我校"香樟树"课程体系倡导的"樟香常使心田润，苑雅时闻读书声"的校园情怀，我们将语文学科课程理念定为"养馨香之气，育优雅之人"，将语文课程定为"香雅语文"。我们认为：

"香雅语文"是浸润"馨香"的语文。"香"即为"温馨"、"美好"、"受欢迎"，让儿童的语文学习充满香气。"香雅语文"坚持以"香"为本，即营造"书香"氛围的语文，让书香陪伴儿童成长；建构"树香"语文课程，落实香樟树的育人目标；打造"花香"语文课程，培育更红更艳的幸福童年；浸润"情香"语文情，彰显和谐的人文情怀。

"香雅语文"是培育"优雅"的语文。"雅"即为"文雅"、"高贵"、

"有涵养"。"雅"文化远古有之，博大精深。香雅语文通过弘扬中国传统文化，提升儿童文化素养，愉悦儿童的身心，培养儿童做雅致高尚之人。我们希望通过语文教学促进他们说雅言、行雅事、养雅趣，以雅养心，走进经典育美德。

"香雅语文"是丰富精神内涵的语文。香雅语文始终坚持"文道统一"原则，积极挖掘文本中的人文因素，以语言文字为载体，在引导学生充分感悟文章内涵的基础上，陶冶他们高尚的情操，丰富他们的精神内涵。润物细无声，使他们逐渐拥有纯正的品质，高尚的品格，真正落实立德树人的育人目标，提高学生的人文素养。

"香雅语文"使儿童在充满馨香的语言文字中得到润物细无声的陶冶，感受祖国语言文字的美好，让"香雅"浸润儿童的心灵，让语文学习飘香四溢。

第二节

嘉言雅行，养成美好品性

一、学科课程总目标

基于对《课标》培养目标的认识与理解，结合学校及学生实际情况，我们将"香雅语文"课程总目标确定为：对祖国语言文字进行广泛学习和恰当运用；将所学化所行，形成优雅的良好习惯；乐于思考，善于学习，拥有学中思，思中学的自我学习能力。学生在语言文字学习与运用中，将优秀文化、优秀品质逐步内化，养成美好的品性，传承"馨香"之气，即"嘉言、雅行、乐思、馨承"。具体内涵如下：

1. 嘉言是热爱祖国的语言文字，感受祖国语言文字的美好，初步学会运用口头语言文明地进行人际沟通和社会交往，能根据实际需要进行准确的书面表达。

2. 雅行是吸收优秀文化的精髓内化于心外化于行，在日常生活中化"言"成"行"，"言""行"统一。

3. 乐思是在语文学习中培养问题意识，激发想象力和创造潜能，乐于思考能言善辩，掌握科学的思想方法，形成良好的自我学习能力。

4. 馨承是吸收人类优秀文化营养丰富精神世界，牢固树立社会主义核心价值观，形成积极乐观的人生态度，养成朴实高雅、志向远大等美好品质。

二、学科课程年段目标

在学校"香樟树课程"及"香雅语文"课程总目标的基础上，依据《课标》中的"学段目标与内容"制定了"香雅语文"课程年级段目标。这里，我们以六年级为例（见表 10-1）。

表 10-1 "香雅语文"课程年级目标设置表

年级	单元	上学期	下学期
六年级	第一单元	**基础目标** 1. 阅读时能从所读的内容想开去。 2. 习作时发挥想象，把重点部分写得详细一些。 3. 借助注释、插图和生活实际，了解三首诗，感悟作者的情感，能结合诗句说一说两位诗人表达的情感的不一样。 **拓展目标** 1. 阅读与写作时要带上想象的翅膀，让想象的香气氤氲四周。 2. 理解句子"蒙汉情深何忍别，天涯碧草话斜阳"，能找出可以体会到"蒙汉情深"的内容并说一说，感受祖国大家庭各民族团结互助的深情厚谊。如果在生活中有与别人惜别的经历的，就同学交流交流。 3. 能说说丁香结引发"我"对人生的思考，并结合生活实际，谈谈自己的理解。	**基础目标** 1. 了解传统的民风民俗，吸收民族文化智慧，感受这些独具魅力的民俗民风中蕴含的民族文化和传统美德。 2. 进一步了解文章的表达方法，体会作者怎样谋篇布局，准确用词，生动表达，并在习作中加以运用。 3. 分清内容的主次，体会作者是如何详写主要部分的，领会作者要表达的主要意思。 **拓展目标** 1. 通过仔细阅读才能体会到不同节日的快乐与享受。培养儿童高雅的品质。 2. 了解祖国各时期各地域的民风民俗文化，感受传统文化的博大精深。 3. 让孩子能够了解不同地方的特色与风俗，感受不同地方的风采，体会不同的趣味。
	第二单元	**基础目标** 1. 了解文章是怎样点面结合写场面的。 2. 尝试运用点面结合的写法记一次活动。 3. 注意场景和细节描写，体会香雅语言之中所蕴含的感情。 **拓展目标** 1. 重温革命岁月，把历史的声音留在心里。 2. 能说说指定诗词的意思和表达的情感，感悟诗人革命的大无畏和乐观主义精神。 3. 通过一定的形式，读记"鞠躬尽瘁，死而后已"等四句关于爱国情怀的古人名句，了解它们的意思。	**基础目标** 1. 拓宽学生阅读视野，引导阅读适合认知程度的外国名篇名著。 2. 通过阅读，了解不同国家多样的文化，关心人物命运。 3. 进一步培养学生把握主要内容（尤其是概括能力），体会作品中人物思想感情的能力。 **拓展目标** 1. 让儿童感受多种文化的馨香。 2. 在广泛收集资料的基础上，把课内外结合起来组织学生理解文字所表达的思想内容和表达方法。 3. 提高学生的阅读鉴赏能力和习作水平；让学生在学习过程中进行积累，感受学习语文的乐趣。

跨界课程：学科课程的边界拓展

年级单元	上学期	下学期
第三单元	**基础目标** 1. 根据阅读目的，选用恰当的阅读方法。 2. 写生活体验，试着表达自己的看法。 3. 热爱阅读，阅读让生活充满香气。 **拓展目标** 1. 生活体验要表达清楚，把原因写具体。 2. 习作完成后，在"共享美好生活"主题班会上分享自己的心得体会。 3. 通过具体的例子，了解用上表示顺序的词语来说明理由、表达观点的效果，选择给的一个话题，用上这种方法说一说。	**基础目标** 1. 引导学生读书和搜集资料，读懂课文内容，从中感悟到人生的哲理，获得人生的启示。 2. 引导学生学习抓住重点句段，联系生活实际，领悟文章蕴含的道理，并不断积累语言，增强语感。 3. 引导学生在把握课文主要内容的基础上，体会作者表达感悟的不同方法，并试着在习作中运用。 **拓展目标** 1. 让儿童感受温馨童年。 2. 体会革命先烈对未来的美好憧憬和为此付出的牺牲，懂得今天的幸福生活来之不易。
第四单元	**基础目标** 1. 读小说，关注情节、环境，感受人物形象。 2. 发挥想象，创编生活故事。 3. 结合生活实际，学会虚构故事情节。 **拓展目标** 1. 通过人物外貌、语言、动作、心理活动的赏析来理解人物形象，走进小说细节描写的香。 2. 能通过情节与动作、语言、神态描写和环境描写，感悟人物形象，了解情节和环境描写在塑造人物形象上的作用。 3. 在班级香雅故事会上读读自己写的故事，说说你喜欢谁的故事。	**基础目标** 1. 让学生受到革命传统教育，纪念革命前辈的丰功伟绩，懂得为人民服务的道理。 2. 引导学生把握文章的主要内容，查阅相关资料，加深对文本的理解。 3. 关注文本中对人物神态、言行的描写，体会人物品质。 **拓展目标** 1. 通过本单元学习，培养学生"乐思"的习惯和高尚的品格。 2. 引导学生去发现：生活中平凡的故事常常给我们很多启迪，阅读它们，感悟它们，能让我们人生道路上足迹更踏实，步伐更稳健。平凡的人物却有着非比寻常的美德精神。

年级单元	上学期	下学期
第五单元	**基础目标** 1. 体会文章是怎样围绕中心意思来写的。 2. 从不同方面或选取不同事例，表达中心思想。 3. 在围绕一个意思表达时，要将重要部分写得详细些，具体一些。 **拓展目标** 1. 以立意为宗，"意"才是文章香雅之气根源所在。 2. 能认识并找出校园里的植物，以及说说它们是怎样体现出在夏天里飞快生长这个中心意思的。 3. 习作内容可以写生活中发生的事情，也可以写想象的故事，感受美好，生活中充满情香。	**基础目标** 1. 正确、流利、有感情地朗读课文，读懂课文，能联系上下文理解含义深刻的句子。 2. 学习在具体事实描述中说明道理的写法，并在写作中加以运用。 3. 在学生心中种下科学的种子，结合其他学科，融合相关知识，激发学生探索、求知的欲望，体现精彩语文的丰富内涵。 **拓展目标** 1. 营造语文馨香氛围。 2. 探究校园里的竹子，体会借竹子扎根于岩缝之中坚韧不拔的特点和高洁品质，表现诗人那种正直、倔强的性格,决不向任何势力低头的高傲风骨。
第六单元	**基础目标** 1. 抓住关键句，把握文章的主要观点。 2. 学写倡议书。 3. 了解人与自然的关系。 **拓展目标** 1. 爱护环境，向身边的人发起倡议，让世界到处是青山绿水，充满鸟语花香，生活中处处充满馨香。 2. 展开想象，了解描写景物景象诗歌的意思，体会诗歌表现的意境。	**基础目标** 1. 通过读"阅读材料"中的文章，感受作者对小学生活的怀念，对母校、对老师、对同学的感情。 2. 回顾个人和集体的成长经历，懂得成长需要自己的努力，也离不开学校的关怀、老师的教导和同学的帮助。 3. 会写临别赠言、简单的倡议书、建议书和演讲稿。 **拓展目标** 1. 制作班级纪念册。 2. 用多种形式表达对老师和同学、对母校依依不舍的感情，并立下美好的志向。

跨界课程：学科课程的边界拓展

年级	单元	上学期	下学期
	第七单元	**基础目标** 1. 借助语言文字展开想象，体会艺术之美。 2. 写自己的拿手好戏，把重点部分写具体。 3. 一首歌，一幅画，一件艺术品……都是一段美好的艺术之旅，散发着芬芳。 **拓展目标** 1. 在聊天交流中，认真听别人发言，能就不明白的地方或想深入了解的内容向对方提出，对自己感兴趣的话题与别人交流雅言雅趣。 2. 根据课文学习，想象描绘的画面，能用自己的话把想象到的画面说一说，感受乐曲的美妙。 3. 能借助语言文字展开想象，感受京剧表演之美，传承传统文化。	
	第八单元	**基础目标** 1. 借助相关资料，理解课文主要内容。 2. 通过事情写一个人，表达出自己的情感。 3. 阅读时要把握文章主要内容，学会灵活运用各种方法。 **拓展目标** 1. 联系上下文，通过人物的内心活动描写句子，分析人物内心世界。 2. 结合本单元的课文和自己搜集到关于鲁迅的资料，说说鲁迅是一个怎样的人。 3. 了解柳体书写的特点，激发了解古代书法家和用毛笔写好字的兴趣。	

第三节

在语言文字中乐思馨承

"香雅语文"课程框架依据学校"香樟树"课程体系，将国家基础类课程和校本拓展类课程巧妙融合，既保障学生具备学科基本能力和素养，又为学生个性和特长的发展提供助力。

一、学科课程结构

《义务教育语文课程标准（2011版）》的课程设计思路，语文学科课程包含"识字与写字"、"阅读"、"习作"、"口语交际"、"综合性学习"。我校的"香雅语文"从"香雅识写"、"香雅阅读"、"香雅交际"、"香雅习作"、"香雅实践"五个方面构建学科课程（详见图10-1）。

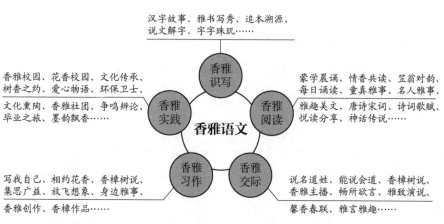

图10-1 合肥市香樟雅苑小学"香雅语文"学科课程结构图

具体表述如下:

香雅识写: 重在激发学生识字写字的兴趣,使其掌握多种识字方法,了解汉字的历史,引导学生正确地运用汉字、规范地书写汉字,体会汉字的博大精深,从而热爱祖国的语言文字。

香雅阅读: 是引导学生利用语言文字,获取信息、积累言语、增长见闻、认识世界为主题的活动。提供丰富的文本使学生理解、领悟文字带给心灵的触动。让学生在诵读大量文本的同时掌握多种诵读的方法和技巧,传承中华优秀文化,培养较为丰富的语言积累和良好的语感,发展感受和理解的能力。

香雅交际: 主要针对学生口语交际能力的训练和提升,不仅关注生命个体的言语表达能力,更从生活中选取真实的场景和语言情境,将倾听、思考、表达有机联系起来,加强不同主体间的交流和互动,提升学生的参与能力和思辨能力。

香雅习作: 是以书面表达为主的语文学习。我们以丰富多彩的习作学习方式打开学生的创意表达。重视学生的观察、感受和体验,注重真实的表达,利用多种活动激发学生写作的热情。目的在于提升学生的语言表达能力,以我手写我心,来传达自己的真情实感。

香雅实践: 是校内外的各种语文实践活动。通过组织这些活动,促进儿童听说读写能力的整体发展,加强语文课程与其他课程的整合,紧紧将书本上的学习与实践综合相结合,培养学生策划、组织、协调、实施的能力。

二、"香雅语文"课程设置

围绕"养馨香之气,育优雅之人"的课程理念,"香雅语文"设置了各年级的课程,具体见表 10-2。

表 10-2 "香雅语文"课程设置表

课程设置 / 板块 / 年级		香雅识写	香雅阅读	香雅交际	香雅习作	香雅实践
一年级	上册	汉字故事 书写习惯	蒙学晨诵 韵律儿歌	说名道姓 我的朋友	写我自己 花香雅行	香雅校园 秋之印记

板块课程设置年级		香雅识写	香雅阅读	香雅交际	香雅习作	香雅实践
	下册	趣味识字 我爱写字	情香共读 趣味绘本	能说会道 最美节日	相约花香 雅行记录	花香校园 踏青游春
二年级	上册	汉字开花 雅书写秀	笠翁对韵 书香午间	香樟树说 有趣动物	香樟树说 嘉言雅语	文化传承 登高赏秋
	下册	生活识字 书写品格	每日诵读 树香阅读	香雅主播 小演说家	会说绘写 我爱日记	树香之约 馨香花语
三年级	上册	追本溯源 书写能手	童真雅事 童话世界	畅所欲言 请帮个忙	集思广益 童心童话	爱心物语 孝心传承
	下册	说文解字 心平气和	馨香古诗 神话传说	美的节日 红色故事	雅趣美文 香雅习作	环保卫士 香雅广播
四年级	上册	品味汉字 硬笔之旅	名人雅事 成语典故	雅致演说 话说节日	放飞想象 我的发现	香雅剧场 香雅社团
	下册	字字珠玑 墨香钢笔	雅趣美文 悦读分享	我爱我家 馨香春联	花香之旅 香雅创作	文化熏陶 香雅剧本
五年级	上册	巧说汉字 软笔临摹	唐诗宋词 诗词故事	书香漂流 嘉言共赏	文化感悟 香樟随笔	香雅剧场 香雅社团
	下册	汉字之美 馨香书法	唐诗宋词 古诗吟诵	雅言雅趣 文化宣讲	身边雅事 小说创作	墨韵飘香 香雅赛事
六年级	上册	书法欣赏 墨韵悠长	雅趣古文 朗读课堂	情香校园 爱国情怀	探索小说 致敬先烈	争鸣辩论 香雅社团
	下册	书写文化 书画飘香	诗词歌赋 香雅朗读	香雅辩论 爱国知识	香樟作品 红色故事	毕业之旅 香雅赛事

第四节

心灵在多彩活动中
香气四溢

一、构建"香雅语文课堂",展现语文课堂魅力

"香雅语文"致力于创设富有文化底蕴的课堂,以"香"为本,以"雅"为先。既着眼于培养学生运用语言文字的能力,体现语文工具性的特点,又着眼于对学生思想情感熏陶的文化功能,体现语文的人文性特点,满足学生终身发展的需要。在课堂上体现语文学科思维、彰显语文学科方法,陶冶儿童高尚的情操、丰富儿童的精神内涵。

(一)"香雅语文课堂"的实践与操作

1. 课前做好审美融合。读懂儿童,找准教学起点,突出教学重点,把握教学弹性,让课堂更有深度,是成就香雅课堂的有效途径。课前结合信息技术和美术、音乐等学科,如 PPT 课件、配乐朗诵、知识链接、美图鉴赏、视频分析等,紧密贴近学生的思想情感,预设学生在课堂上对美的理解与创造,让学生在充满馨香的序曲中开始学习语言文化知识。

2. 营造温馨的课堂氛围。良好的课堂气氛可以促进教师和儿童进行有效的互动,让教师的教和儿童的学都取得最大化的效果。温馨的课堂气氛,让儿童的思维不被压抑,学习热情高涨,能充分调动儿童的学习积极性,迸发智慧火花。营造"书香"氛围的语文,让书香陪伴儿童成长,让课堂充满香雅的美好;让儿童能够在课堂中感受语言文字的魅力,热爱祖国语言文字,增强文化自觉。相信这样的教学能把孩子们引入学习的自由天地,让他们快乐地遨游在知识的海洋。

3. 关注全体儿童的有效参与。注重为每个儿童提供平等、有效参与的机会，让每个儿童感受到语言文字的温度，让儿童为"香雅语文课堂"着迷，在学习过程中体会到语言文字学习的满足与快乐，让儿童在综合实践活动和生活中感受语文的温度，文化素质修养得到全面提高。

4. 进行深入指导和帮助。在教学活动中，教师要真切地对儿童进行指导和帮助，密切关注儿童的学习状态和反应，进行深入交流和沟通。浸润"情香"语文情，彰显和谐的人文情怀。

5. 追求学习品质，探究有效课堂。在尊重学情的前提下，鼓励儿童独立对话教材、产生思考，注重学生思维品质的提升。教师在充分观察儿童动态学习的实际情况下，进行引导启发，放手让儿童自己探究，开展经验分享等活动践行"香雅语文课堂"。在课堂学习中提升儿童文化素养，愉悦学生的身心，培养学生做雅致高尚的人。

（二）"香雅语文课堂"的评价

语文课程评价应准确反映学生的学习水平和学习状况，全面落实语文课程目标。"香雅语文课堂"的评价旨在使儿童在充满馨香的语言文字中，感受祖国语言文字的美好，让情操得到润物细无声的陶冶。评价细则详见表 10-3。

表 10-3　"香雅课堂"评价表

评价项目	评价要点	评价	
		权重	得分
教学目标	1. 结合课程标准，符合课标理念，能够做到以生为本。	5	
	2. 体现"香雅语文"的特色，多角度利用教材，创造性地理解教材。	5	
	3. 能够联系生活实际，语言表述准确。	5	
教学内容	1. 形式多样，方式灵活。适合儿童的发展需求，受学生欢迎，有利于培养儿童对于语文的兴趣。	5	
	2. 创造馨香文明和优雅风度的学习氛围，引领孩子享受其中。有利于全面提高儿童语文素养。	5	
	3. 陶冶情操，丰富精神内涵。引导儿童自主学习，主动探究，积淀文学素养并学会应用。	5	
	4. 准确把握教学重点、难点。教学环节环环相扣，内容循序渐进，提问精准有效。	5	

评价项目	评价要点	评价	
		权重	得分
教学过程	1. 教学思路清晰，重点突出，层次清楚，结构合理。	4	
	2. 关注个体差异，面向全体儿童，让全体儿童都参与到学习中去。营造"书香"氛围的语文，让学生在温馨的环境中感受学习。	4	
	3. 课堂生动美好有活力，能够激发儿童兴趣，提高儿童积极性。	4	
	4. 以儿童为主体，教师为主导。	4	
	5. 利用现代化信息技术，课堂形式多样。	4	
教学方法	1. 教学方法灵活多变，具有启发性。	3	
	2. 情境创设有吸引力，紧密联系生活实际，问题设计严谨、合理。	3	
	3. 注重儿童情感和三观的培养。培养儿童说雅言、行雅事、养雅趣。	3	
	4. 课堂评价多样、跨学科、有激励性。	3	
	5. 肯定儿童，激发儿童学习积极性。	3	
教学文化	1. 营造"书香"氛围的语文，使儿童能够正确理解语言文字并学会运用，让书香陪伴儿童成长。	5	
	2. 建构"树香"语文课程，落实香樟树的育人目标。	5	
	3. 打造"花香"语文课程，调动儿童语文学习的积极性，培育更红更艳的幸福童年。	5	
教师表现	1. 教态自然，语言准确，行为举止规范，板书美观。	5	
	2. 能够灵活处理课堂上所发生的相关事宜。	5	
	3. 具有一定的素养，浸润"情香"语文情，不过分指责呵斥儿童，保护儿童自尊心，彰显和谐的人文情怀。	5	
综评	A（85分以上）　　B（70—85分） C（60—70分）　　D（60分以下）	100	

二、打造"香雅语文社团"，彰显儿童个性魅力

为了让学生在大量的语文生活实践中体会、把握运用语文的规律，结合课标和我校特色，我校成立了丰富多彩的"香雅语文社团"，它不仅能充分展示儿童的个性魅力，提高儿童自我认识、自我管理能力和语文实践能力，还有利于推进儿童的社会化进程，塑造儿童良好的行为品格。

（一）"香雅语文社团"的实施与操作

"香雅语文社团"的创建以"语文兴趣"为主导，以营造馨香、优雅、多彩的校园文化氛围为目标，以逐步培养学生兴趣爱好，提升儿童文化素养和品格内涵为目标，创办了"香雅剧场"、"香雅记者"、"香雅广播站"、"香雅书法"等语文社团，涉及写作、阅读、古诗文、汉字等领域。

"香雅语文社团"成员是来自于 3—5 年级中有相同兴趣爱好的学生，每个社团人数在 5—10 人左右并设有 2 位辅导员老师，各社团需根据自身特点设置相应的活动规划、活动记录、活动展示和总结，以下是"香雅语文社团"课程介绍表（详见表 10 - 4）。

表 10 - 4 "香雅语文社团"课程介绍

课程名称	课程目标	课程介绍
香雅剧场	学会主动探究、自主学习；培养学生的语言能力、表演能力、合作能力等；逐步提高艺术修养，以雅养心。	通过对剧本故事的表演，提高口语表达能力及表演能力，让孩子在表演的过程中，学会合作，感悟话剧人物的人格魅力，感受世界的精彩有趣。
香雅记者	培养学生观察能力、语言表达能力、写作能力及创新能力；初步掌握新闻常识和获取、筛选、处理信息的方法；激发学生关心时事，促进书本知识和社会经验的深度融合。	通过"多听、多说、多读、多写、多看、多思"的方式，拓展儿童视野、提高儿童语言组织、语言表达能力，培养儿童创新思维，激发儿童写作兴趣，根据学段梯度和学生的学情，言语单位逐步递增，方法指导层层深入，传达自己的真实情感。
香雅广播站	培养学生观察、表达、信息筛选以及团队分工与合作等能力；既是学生的展示平台又是校园文化建设的引领平台。	以校广播站为平台，以香雅记者稿件和学生来件为内容，分设"校园新闻"、"时政新闻眼"、"好书推荐"、"美文悦享"等栏目，以声入心，以心引领，激发和引导学生的兴趣爱好，传递正能量。
香雅书法	以雅趣养雅心，开拓视野，提升欣赏能力和书写水平，锻炼学生的意志力；丰富学生课余生活；营造校园文化氛围。	以辅导老师循序渐进的教学方式，通过学生勤奋的练习，以班级和校园为作品展示平台，激发学生兴趣，提升学生自信心，营建良好的文化氛围。

（二）"香雅语文社团"的评价标准

为了保障社团活动的实施效果，学校制定了对教师和学生系统性的评价指标。在活动过程中，进行周评、月评、学期评，学生评、老师评及家长评等，确保教师认真负责地开展活动，保障儿童在活动中学有所获。在学期末评选出香雅优秀社团、香雅优秀教师及香雅优秀学生并给予表彰。"香雅语文社团"评价表详见表 10 - 5。

表 10 - 5 "香雅语文社团"评价表

项目	评 价 指 标	权重	得分
课程开发	1. 正确掌握课程理念和教学模式，坚持全面发展的素质教育，满足学生实际发展需求。	10	
	2. 社团主题鲜明、积极健康、富有特色，社团受学生欢迎。	10	
	3. 活动内容选择适宜，符合学生实际要求，并与教学目标一致。内容生动有趣，贴近生活实际，促进学生全面个性发展。	10	
	4. 教学方法要灵活多样，跨学科、有激励性。遵循因材施教，创造馨香优雅的学习氛围。	10	
实施过程	1. 课程纲要规范、合理，有学期实施计划，活动设计内容详实。有团队对成员活动记录档案。	10	
	2. 活动内容和形式富有创意，能结合学校文化开展生动有趣的、受学生欢迎的社团活动。	10	
	3. 学生参与学习专注程度高，能深度思考，仔细观察、大胆质疑，语文能力得到有效提升。	10	
活动效果	1. 态度端正，积极主动，正视学习过程中的困难，注重儿童情感和三观的培养，促进儿童说雅言、行雅事、养雅趣。	10	
	2. 有良好的沟通交流、合作能力，敢于提出自己的想法，并乐于借鉴同伴的建议。	10	
	3. 提升儿童文化素养，愉悦学生的身心，培养学做雅致高尚的人。	10	
综评	A（85 分以上）　　　B（70—85 分） C（60—70 分）　　　D（60 分以下）	100	

三、开设"香雅语文节"，激发语文学习的兴趣

"香雅语文节"是在继承和弘扬中华优秀传统文化、民族文化、革命文化、社会主义先进文化的基础上，设计并开展的语文节日活动。与"香雅语文"学科课程中的香雅实践相对应。旨在通过丰富多彩的节庆活动，让儿童在参与实践中，了解优秀文化，学习优秀文化，弘扬优秀文化，最终促进学

生说雅言、行雅事、养雅趣，以雅养心，塑造更高雅的人格。

（一）"香雅语文节"的实施与操作

"香雅语文节"在每学期里会与相应的中华传统节日、语文学科教学有机结合，在一学年中，共设置了诵读节、赏秋节、春联节、猜谜节、踏青节、红色节等6大节庆活动。从活动范围来说，有以班级为单位的，有以年级为单位的，有以学校为单位的，还有的以家庭为单位，几个层面相辅相成，真正做到面向全体儿童。

"香雅语文节"的具体操作是通过形式多样的活动得到落实的，具体内容见表10-6。

表10-6 "香雅语文节"活动安排表

名称	时间安排	活动形式	活动目的意义
诵读节	九月中旬	香雅广播台 诗画展览会 经典诵读会 智雅大比拼	"香雅语文"是培育"文雅"的语文。诵读诗文就是呈现文雅的一种形式，一种载体。诵读节活动形式多样，学生在读、诵中感受诗文的幽香，感受中华优秀传统文化的博大精深。
丰收节	十月上旬	习俗我来说 诗词我会诵 劳动辛苦说 收获香满多	丰收节与中秋节相继而来，将中国文化中"丰收"与"团圆"的意象连接在了一起，将怀古之思与怀土之情连接在了一起。回家团圆的游子，怀揣着乡愁赶路，迎接他们的则是新麦的芬芳和陈年的酒香，这本身就是意蕴悠长的中华文化情境。
春联节	一月中旬	春联文化多 春联写与贴 春联贴一贴 馨香说春联	春联文化是源远流长的中国文化、东方文化。人们将自己的感情、愿望、信仰积聚在春联上，使春联成为一种民族文化象征与凝聚民族情感的重要力量。通过春联节，让儿童感受春联文化的魅力，进而激发他们对美好生活的热爱之情。
树香节	三月上旬	感受花香味 小树我来种 书香展示会 说说香樟树	植树造林是一项利于当代、造福子孙的宏伟工程，亲手种一棵小树，感受花的香味，体会春天的美好，学习关于树的知识，感受香樟树的品质，树立高贵的人格。
情香节	五月下旬	我爱母亲节 我爱父亲节 诗词我会诵 魅力节日秀	亲情是人世间最美好的情感，在一定程度上体现浓浓的人文情怀。儿童通过活动，懂得感恩，不仅要爱父亲母亲，也是对儿童人文情怀的培养，做一个品德高尚的人。

（二）"香雅语文节"的评价标准

"香雅语文节"主要从活动内容、活动参与、活动效果三个方面观察和记录，旨在关注内容设置是否合理、参与过程是否积极、活动效果是否显著（见表 10 - 7）。

表 10 - 7　"香雅语文节"评价表

评价项目	评 价 标 准	评价	
		权重	得分
活动内容	1. 从学情出发，符合儿童的认知水平和身心。	10	
	2. 关注儿童的兴趣点，主题贴近生活，儿童参与热情高。	10	
	3. 符合"香雅语文"的课程理念，结合生活，培育"优雅"的语文。	10	
	4. 体现"香雅语文"学科课程结构特色，创造性地利用教材资源和相关节日及文化资源。	10	
活动参与	1. 能认真搜集节日活动的相关资料，做好活动前的各项准备。	10	
	2. 能积极主动地参与活动，发现问题并独立解决问题。	5	
	3. 能主动与他人互助合作、交流、分享。	10	
	4. 能根据活动内容，按照活动要求，完成活动任务。	5	
活动效果	1. 在参与实践中，自主思考、设计、操作和解决问题，有真实的活动体验。	5	
	2. 在参与实践中，了解了优秀节日文化，积累了优秀节日文化相关知识，对中华节日文化有了更深的了解。	10	
	3. 在参与实践中，将收获的有关中华节日文化知识，运用到生活中，使言、行、趣都更加高雅，有内涵。	10	
	4. 在实践活动中，探究和创新意识得到增强。	5	
综评	A（85 分以上）　　B（70—85 分） C（60—70 分）　　D（60 分以下）	100	

四、开启"香雅之旅"，塑造儿童高贵品质

"香雅之旅"是根据香雅语文的育人目标，依托学校区域特色、历史文化遗产资源、红色教育资源和综合实践基地等，组织学生走出教室走出校园，在课本之外去拓展视野、丰富知识，接受文化的熏陶，塑造儿童美好的品格。

（一）"香雅之旅"的实践与操作

1. 以地域为依托的课程资源。"读万卷书，行万里路"，"香雅之旅"旨在让学生走出教室，走出校园，感受浓浓的自然之气息，人文之情怀，地域之特色，历史之文化。在丰富多彩的活动中，让儿童在参与实践中，了解和学习优秀文化，继承和弘扬优秀文化。

2. 以生活体验丰富情感认知。"生活中处处有语文"，语文学习应和学生的生活体验相结合，在生活中发现身边的美好，积极参与生活体验，将对现实生活的体验和感触带入到语文学习中来。观察、访问、调查、体验、参观和旅游等都是学习的有效形式，利用周末和假期走出书本，走进生活的地方，感受人文情怀、感悟文化魅力，提升文化修养。

3. 以多彩的实践活动进行落实。通过"春之约"、"夏之情"、"秋之实"、"冬之韵"四季特色，围绕"自然风光"、"传统文化"、"地域历史"、"红色传承"等活动主题，贴近生活，丰富学生的语文学习经验，养馨香之气，育优雅之人，彰显香雅语文学科魅力。

具体"香雅之旅"活动安排详见表 10 - 8。

表 10 - 8 "香雅之旅"活动安排表

主题特色	活动时间	活动地点	活动形式	活动目的意义
秋之实	九月	合肥大蜀山森林公园	采摘果实赏秋闻桂	1. 采摘果实，体验劳动者的生活。 2. 寻找秋天美景，感受桂花怡人的香气。
香雅行	十月	安徽省博物馆	地域历史文化传承	1. 了解安徽的历史积淀与文化渊源。 2. 产生爱家乡，爱祖国的浓浓情怀。
冬之韵	十二月	合肥市古逍遥津	踏雪寻梅探寻遗址	1. 寻得一缕幽香，感受冬季美景。 2. 探寻遗踪，重温三国历史文化。
春之约	三月	合肥市植物园	踏青游春春日赏花	1. 欣赏春意盎然景象，感受大自然的变化。 2. 体验美妙芬芳，观赏百花盛开。

主题特色	活动时间	活动地点	活动形式	活动目的意义
夏之情	六月	渡江战役纪念馆	致敬先烈 红色文化	1. 了解血与火的历史，增进对革命先辈的崇敬之情。 2. 讲好红色故事，庚绩红色基因。

（二）"香雅之旅"的评价标准

"香雅之旅"主要从活动内容、活动参与、活动效果三个方面观察和记录，旨在关注内容设置是否合理、参与过程是否积极、活动效果是否显著。具体见"香雅之旅"评价表（表10-9）。

表10-9　"香雅之旅"评价表

评价项目	评 价 标 准	权重	得分
活动内容	1. 从学情出发，符合儿童的认知水平和身心特点。	10	
	2. 关注儿童的兴趣点，主题贴近生活，儿童参与热情高。	5	
	3. 符合香雅语文的培养目标，为目标的达成服务。	10	
	4. 体现学校香雅特色，注重创新。	10	
活动参与	1. 能认真做好活动前期的各项准备。	5	
	2. 能积极主动发现问题并独立解决问题。	10	
	3. 能主动与他人互助合作、交流与分享。	10	
	4. 能根据活动内容完成活动要求和任务。	5	
活动效果	1. 自主思考、设计、操作和解决问题，有真实的活动体验。	5	
	2. 学会与他人协作交往，学会反思。	10	
	3. 拓展了有关中华文化的知识，对中华文化有了更深的了解，运用到生活的能力得到提高。	10	
	4. 探究和创新意识得到增强。	10	
综评	A（85分以上）　　　B（70—85分） C（60—70分）　　　D（60分以下）	100	

"香雅语文"从审美的角度致力于学生言行与人格的塑造，相信今日校园内的莘莘学子，必将成长为言行有担当、灵魂有香气的社会有用之才。

（撰稿人：裴文云　赵志华　刘芳芳　胡海风　潘美玲

李荣秀　李毛毛　祁媛媛）

后记

　　《跨界课程： 学科课程的边界拓展》是合肥市蜀山区教育体育局区域课程的一个部分，是学校课程建设历经"想出来——做出来——讲出来——写出来"的真实感人的实践路径，集中体现了合肥市西园新村小学北校教育集团西园新村校区、合肥市乐农新村小学教育集团奥林校区、合肥市香樟雅苑小学、合肥市习友路小学、合肥市侯店小学这 5 所小学的课程智慧。小学语文、小学英语、小学信息技术三个学科及小学全学段跃动生命综合课程十个方案，能有机会在这本书里齐聚，本身就是在区域课程编制上的一个跨界。

　　因为跨界课程，促使我们 5 所学校课程方案的编制团队在一个 QQ 群内相识相聚，在腾讯会议室内交流讨论。每一次的修改完善，每一次的切磋碰撞，对于编写者而言，都是跨界的学习。上海市教科院专家团队线上线下每一次的精心精准指导，领导人前人后每一次的关心关怀，都支持着我们的编写渐渐步入佳境。

　　感谢学校与老师们的辛苦付出。在长达 5 年的时间里，学校立足实际对标先发地区，把原本对课程的朴素认识上升到了课程哲学的高度，把最初对课程的零碎思绪变成了有逻辑的紧密连接，把学科单一的学习途径扩展为课程群的集合，在零散的课程元素之间建立了有机的联系。其中的咬文嚼字与斟酌背后的功夫，只有大家自己知晓，那些累并快乐着的日子，都变成了指尖下有了温度的文字。

　　感谢学校与老师们的研究与探讨。成书期间，每一个课程建设方案都经历了多轮修改、反复推敲。从文本格式到文字表述，从章节顺序到方案内容，经历了打磨与锤炼，经历了增加与删减。加加减减的岂止是文字，更是对学术的尊重与研究。将儿童放在课程的中央，以他们的学习与发展为衡量，在审视文稿的同时也在不断的审视教育教学的理念与实践，审视课程理念与教学实践的契合。

课程跨界，突破的是课程边界，连接的是课程的未来。有研究表明，从事自然科学工作的人，最有创造力的时期一般为 25—45 岁；从事社会科学工作的人，最有创造力的时期一般为 30—50 岁。今天的儿童，我们要用 10—15 年以后的社会发展对人才的需求标准来确定课程的内容。"互联网＋"环境下的人工智能时代，项目化学习、跨学科学习，需要的不仅是课程的跨界，更需要的是课程的无边界。

课程跨界，最关键的是教师在教与学的实践中勇敢跨出第一步。从儿童整体性发展出发，重视课程的全人教育功能，在本学科属性的基点上获取与多学科相近属性的连接，使得教学的融通体现在具体的课堂上，引领学生在知识的海洋中遨游，炼就用价值论方法论的思维去面对困难、解决问题、获取能力，在面向未来的世界里创新、驰骋。

语文的学习让儿童身心烙上中华传统印记，让文化自信扎根于幼小的心灵；英语的学习让儿童懂得包容与理解，懂得人类命运共同体的价值与意义；信息技术的学习让儿童奠定面向信息社会的生存基础，拥抱未来世界的互联互通；跃动生命的学习让儿童懂得生命的意义，学会珍惜时间珍爱生命。这些超越学科知识本身给儿童带来的影响终身学习的变化，更加坚定我们研究与实施跨界课程的信念。

我们需要跨界学习、需要跨界课程，与儿童并行在未来的路上。

在编写本书的过程中，深感课程边界拓展的重要，更觉对课程专业理论的欠缺，所存不妥之处请读者给予帮助并指正。

裴文云

2021 年 2 月 8 日

"品质课程"阅读书目

学校整体课程规划	978-7-5760-0423-6	48.00	2022 年 1 月
推进育人方式变革的区域教学改进研究	978-7-5760-2314-5	56.00	2021 年 12 月
学校整体课程规划的七个关键	978-7-5760-0424-3	62.00	2021 年 3 月
课堂教学的 30 个微技术	978-7-5760-1043-5	52.00	2020 年 12 月
教学诠释学	978-7-5760-0394-9	42.00	2020 年 9 月

品质课程聚焦丛书

自组织课程：语文学科课程群新视角	978-7-5760-1796-0	48.00	2021 年 12 月
数学作为学习共同体：一种新的数学课程观	978-7-5760-1746-5	52.00	2021 年 12 月
学科育人的整体课程范式	978-7-5760-2290-2	46.00	2021 年 12 月
聚焦育人质量的学科课程设计	978-7-5760-2288-9	42.00	2021 年 11 月
活跃的学习图景：学校课程深度实施	978-7-5760-2287-2	48.00	2021 年 11 月
学科文化：英语学科课程新视角	978-7-5760-2289-6	48.00	2021 年 12 月
课程联结：学科课程群设计方法	978-7-5760-2285-8	44.00	2021 年 12 月
数学学科课程决策：专业视角	978-7-5760-2286-5	40.00	2021 年 12 月
特色项目课程：体育特色课程的校本建构	978-7-5760-2316-9	36.00	2021 年 12 月
进阶式探究课程设计：学科整合视角	978-7-5760-2315-2	38.00	2021 年 12 月
赋能思维：中学数学学科课程群设计	978-7-5760-2593-4	42.00	2022 年 4 月
语文学习维度与学科课程设计	978-7-5760-2592-7	42.00	2022 年 4 月
提升学校课程品质	978-7-5760-2596-5	52.00	2022 年 6 月
活跃学校课程实施	978-7-5760-2595-8	50.00	2022 年 6 月
确定学校课程哲学	978-7-5760-2594-1	44.00	2022 年 6 月
建构学校课程框架	978-7-5760-2597-2	48.00	2022 年 6 月

特色学校聚焦丛书

儿童是天生的探索者：360° 科学启蒙教育	978-7-5675-9273-5	36.00	2020 年 2 月
做精神灿烂的教师：教师自我成长的 5 个密码	978-7-5760-0367-3	34.00	2020 年 7 月
让教育温暖而芬芳	978-7-5760-0537-0	36.00	2020 年 9 月

快乐教育与内涵生长	978-7-5760-0517-2	46.00	2020 年 12 月
故事教育与儿童发展	978-7-5760-0671-1	39.00	2021 年 1 月
美好教育：学校内涵发展的循证研究	978-7-5760-0866-1	34.00	2021 年 3 月
把美好种进儿童心田	978-7-5760-0535-6	36.00	2021 年 3 月
倾听生命的天籁："天籁教育"的实践与探索	978-7-5760-1433-4	38.00	2021 年 9 月
为了每一个孩子的美好心愿	978-7-5760-1734-2	50.00	2021 年 9 月
向着优秀生长："模范教育"的理念与实践	978-7-5760-1827-1	36.00	2021 年 11 月
让个性自然发荣滋长："引发教育"的理论寻源与实践探索			
	978-7-5760-2600-9	38.00	2022 年 3 月

跨学科课程丛书

大情境课程：主题设计与创意评价	978-7-5760-0210-2	44.00	2020 年 5 月
社会参与素养的培育模型与干预机制	978-7-5760-0211-9	36.00	2020 年 5 月
大概念课程：幼儿园特色主题活动设计	978-7-5760-0656-8	52.00	2020 年 8 月
项目学习：进入学科的课程智慧	978-7-5760-0578-3	38.00	2021 年 4 月
STEAM 课程的设计与实施	978-7-5760-1747-2	52.00	2021 年 10 月
幼儿个性化运动课程	978-7-5760-1825-7	56.00	2021 年 11 月
幼儿园特色课程的框架与实施	978-7-5760-2598-9	48.00	2022 年 3 月

核心素养导向的课堂教学丛书

转识成智的课堂教学：核心素养导向的历史教学			
	978-7-5760-0164-8	40.00	2020 年 5 月
学导式教学：学会学习的教学范式	978-7-5760-0278-2	42.00	2020 年 7 月
高阶思维教学的关键技术	978-7-5760-0526-4	42.00	2021 年 1 月
会呼吸的语文课：有氧语文的旨趣与实践	978-7-5760-1312-2	42.00	2021 年 5 月
高阶思维教学的核心指向	978-7-5760-1518-8	38.00	2021 年 7 月
磁性课堂：劳动技术课就这样上	978-7-5760-1528-7	42.00	2021 年 7 月
核心素养导向的作业设计	978-7-5760-1609-3	40.00	2021 年 8 月
语文，让精神更明亮	978-7-5760-1510-2	42.00	2021 年 9 月
"六会"教学法：基于核心素养的课堂教学	978-7-5760-1522-5	42.00	2021 年 9 月

深度教学的内在维度：数学反思性学习的六个策略

	978-7-5760-2590-3	36.00	2022 年 3 月
具身学习的 18 种实践范式	978-7-5760-2591-0	38.00	2022 年 6 月
课堂是照亮彼此的地方	978-7-5760-2621-4	46.00	2022 年 7 月

📖 特色课程建设丛书

教师，生长的课程	978-7-5760-0609-4	34.00	2020 年 12 月
学校课程发展的实践范式	978-7-5760-0717-6	46.00	2020 年 12 月
丰富学习经历：如歌式课程的愿景与深度	978-7-5760-0785-5	42.00	2020 年 12 月
学科课程群设计方法	978-7-5760-0579-0	44.00	2021 年 3 月

学校美育课程的立体建构：菁华园课程的逻辑与框架

	978-7-5760-0610-0	36.00	2021 年 3 月
关键学习素养与学科课程设计	978-7-5760-1208-8	34.00	2021 年 4 月
学校课程设计：愿景建构与深度实施	978-7-5760-1429-7	52.00	2021 年 4 月
生长性课程：看见儿童生长的力量	978-7-5760-1430-3	52.00	2021 年 4 月
"慧阅读"课程：儿童视角	978-7-5760-1608-6	42.00	2021 年 6 月
幼儿园特色课程的框架与实施	978-7-5760-2598-9	48.00	2022 年 3 月
课程是鲜活的："大视野课程"的旨趣与活性	978-7-5760-2599-6	42.00	2022 年 7 月
指向核心素养培育的学校课程图谱	978-7-5760-2624-5	42.00	2022 年 7 月